マンガで読む

「ロングセラー商品」誕生物語

誰が考えたのか、どうやって作ったのか

藤井龍二

PHP文庫

○本表紙図柄＝ロゼッタ・ストーン（大英博物館蔵）
○本表紙デザイン＋紋章＝上田晃郷

「ロングセラー商品」誕生物語

＊目次＊

第一章 「次代に通用する名品」誕生物語

第二章　味へのこだわりが逸品を生む

第三章　生活雑貨は常に進化する

取材協力企業一覧

日清食品㈱
富士写真フイルム㈱
㈱ヤクルト本社
ソニー㈱
味の素㈱
大日本除虫菊㈱
カルピス㈱
アース製薬㈱
ニチバン㈱
佐藤食品工業㈱
㈱ダスキン
キユーピー㈱
カゴメ㈱
キッコーマン㈱
エスビー食品㈱
㈱ロッテ
㈱桃屋
㈱ミツカングループ本社
菊正宗酒造㈱
花王㈱
三菱鉛筆㈱
シヤチハタ㈱
ぺんてる㈱
マックス㈱
㈱タカラ
㈱ワコール

第一章

「次代に通用する名品」誕生物語

カップヌードル

上ブタを開けて、お湯を注いで３分待つと、エビやスクランブルエッグ入りの本格的ラーメンの出来上がり。昭和46年９月、カップヌードルの登場は、消費者に衝撃を与えた。誕生から30周年を迎えた現在、日本で発明された世界初のカップめん「カップヌードル」は、世界80カ国以上で食される国際食となった。即席ラーメンに賭けた男のドラマ。

カップラーメン便利だな
つくった人は天才だね

ウチの安藤百福（あんどうももふく）です
CUP NOODLE
カップヌードル

終戦直後——大阪
ラーメン

安藤百福(35)はすでに事業を成功させ順風満帆だった

ところが悪徳商人にだまされ無一文になった
残ったのは家だけだ
何てことはないあの終戦直後が遅れてきただけだ
あの終戦直後の風景…
屋台のラーメンか
家で食べられるようにできないか…保存がきいて安くて便利なものができないか
めんを乾燥させればいいしかし天日干し熱風乾燥もダメだ
ゴホ
お食事ですよ
天プラ!
うーん何かないか
ん!? 天プラ
…
あ
そうだこれだ!
あ
あっ

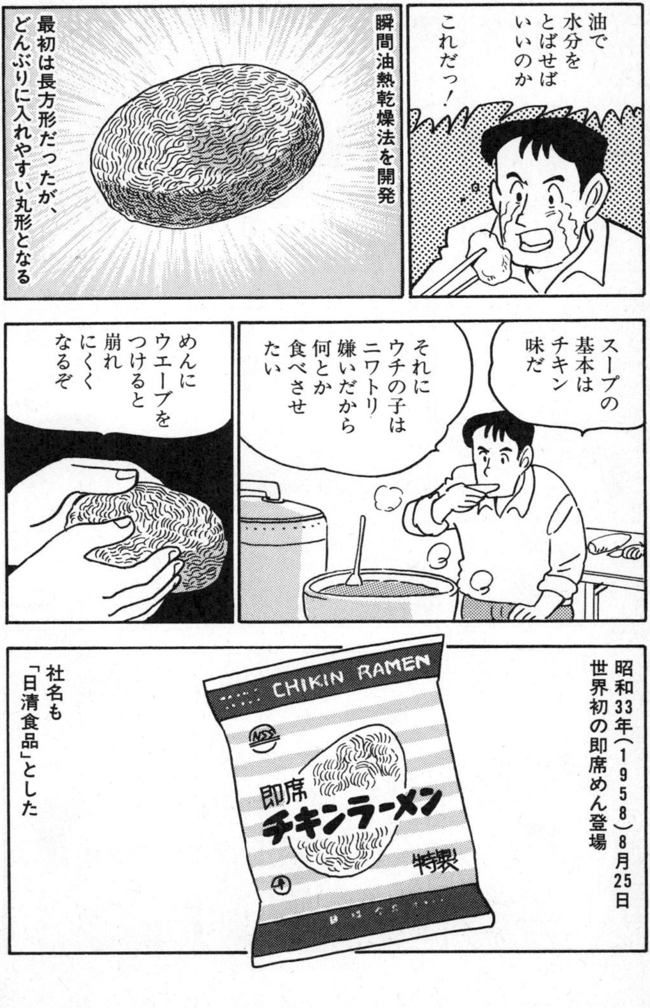
油で水分をとばせばいいのか
これだっ！
瞬間油熱乾燥法を開発
最初は長方形だったが、どんぶりに入れやすい丸形となる
スープの基本はチキン味だ
それにウチの子はニワトリ嫌いだから何とか食べさせたい
めんにウエーブをつけると崩れにくくなるぞ
昭和33年（1958）8月25日
世界初の即席めん登場
CHIKIN RAMEN
即席
チキンラーメン
特製
社名も「日清食品」とした

宣伝と口コミで
発売後半年たって
一気に売れ出し、1年で
およそ1300万食売れた
初期のTVCM
L・リジン入り
日清チキンラーメン
チキンラーメン
昭和35年（1960）頃
インスタントラーメンブーム
で100社以上のメーカー
からチキンラーメンが
出まわった
チキンめん
ラーメン 即席チキン
しかし大部分が粗悪なもの
だった。これにより
即席ラーメンは
体に悪いというイメージが
つくられ、日清食品も
大ダメージを受けた
日清食品は
関西で
大ヒットしたが
他社の
即席ラーメンが
関東で
売り上げを
伸ばし
シェアを拡大
即席チキンラーメン
関東
昭和41年（1966）
安藤百福は
アメリカ
進出を
うかがい
視察に
出た
アメリカは
ファースト
フードの
国だ
何か
新しい
マーケットが
あるに
違いない

これがウチのインスタントラーメンです
Noodle？
How eat？
そうかここにどんぶりは…
パキ
コポコポ
!?
これだ！

カップに入れればいいんだ
カップなら包材から調理器さらに食器にもなる
カップヌードルだ
するとフタが問題だ
マカデミアナッツです
!?
これだ!
このアルミ紙で密封できる
カップの材質は何がいいか?
プラスチック
ガラス
陶器
魚万
紙でも竹でもない…

ガラガラ
ん!?
魚万
こ、これだ!
発泡スチロールだっ!
容器は決まったがそのままチキンラーメンを入れてもおいしくない
なぜだ?
ジューウ~

ぷか
ジュウウ
油で揚げるとめんが浮いてくる
そうだ上がってくるめんを上から押さえれば上が密で下が疎のめん構造になり均一に湯もどりする
パキ
今度はカップに入らない
ムリに押し込むと崩れてしまう
そうだめんを容器に入れるからだ容器をめんにかぶせればいい
カポ
それを返せばやさしくめんを包める
逆転の発想だ！

具材は食欲をそそる色合いにしたい
エビの赤 タマゴの黄 ネギの緑 肉の茶
フリーズドライでつくろう
めんを宙づり構造にして熱湯がめんを下からも包み込むようにする
めんとの空間はどのくらいがいいだろう?
疎密のめんは湯もどりを早くして具材を落とさないような役目ももっている
そのためにはめんの太さはどのくらいがいいだろう?

5年の研究を経て
昭和46年（1971）9月
世界初のスナックめん
「カップヌードル」登場
アルミキャップ
調理時間は
3分間に
決定
カップのデザインは
30年たっても
古さを感じさせない
CUP NOODLE
カップヌードル
100円
当時100円という
値段にもかかわらず
若者を中心に大ヒット
カップヌードルの
「お湯さえあれば
いつでも、どこでも」
というキャッチ
フレーズとともに
新しい食文化は
急速に広まっていった
昭和46年度の
売り上げは
400万食
ズズー
とまあ
はなはだ
簡単
ですが
3分
過ぎ
ちゃった
よ

写ルンです

「いつでも、どこでも、誰にでも、きれいな写真がとれる」をコンセプトにしたレンズ付きフィルム「写ルンです」が誕生したのは昭和61年。発売当初より画期的商品と話題を呼び、年内10万本の販売を予定していたが、結果は100万本を売る大ヒットとなる。その後もリニューアルを続け、現在、年間約8000万本ある国内出荷分の70%を占めるまでとなる。なぜ、3度目の挑戦にして開発に成功できたのだろうか？

富士写真フイルムだ
初代社長
浅野修一（あさのしゅういち）
昭和59年（1984）東京・西麻布
富士写真フイルム株式会社
本社
FUJIFILM
富士写真フイルムは今年で創立50周年を迎えた
これからは「第二創業」という考えでフイルム以外の製品も伸ばしていこうではないか
大西實社長（当時）
第二創業精神か
感材部部長
中山恵二（当時）

センター駅
あのオ すみません このカメラ おわかりになりますか？
え？
…
近頃のカメラは難しくてシャッターも押せないのです
でっかいおじさんだなー
えっ!?
こんな高級カメラ持ってくるからだよ
だってカメラは大人のものだもん
そうね カメラって子どもには使いづらいね
はっ

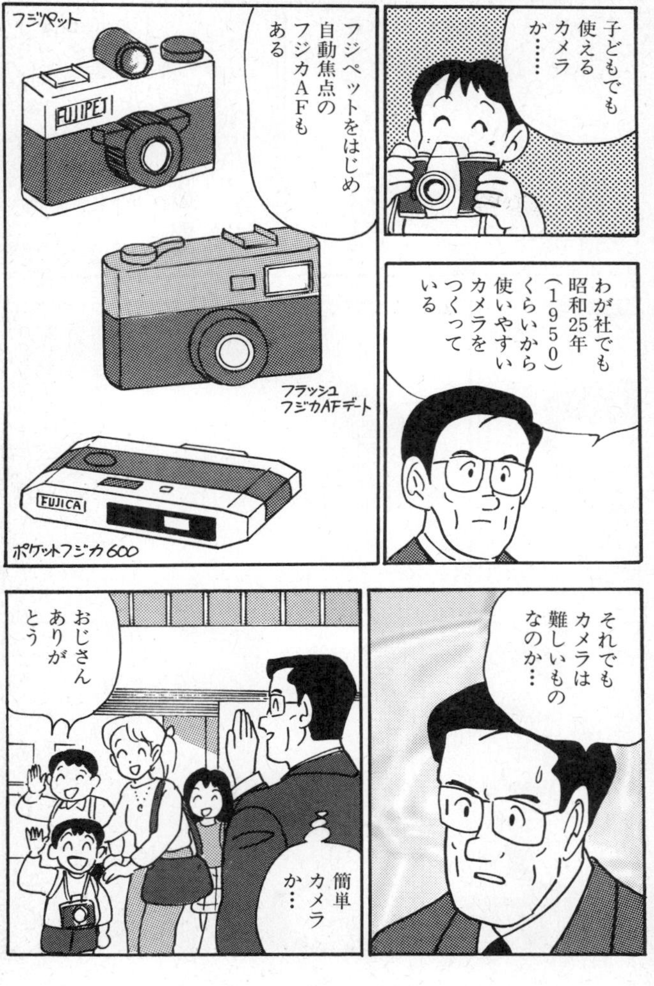
子どもでも使えるカメラか……
わが社でも昭和25年（1950）くらいから使いやすいカメラをつくっている
フジペットをはじめ自動焦点のフジカAFもある
フジペット
FUJIPET
フラッシュフジカAFデート
FUJICA
ポケットフジカ600
それでもカメラは難しいものなのか…
おじさんありがとう
簡単カメラか…

入社した頃簡単カメラの開発をしたな
ギ
しかしどれも企画だおれだった
やはりコストが問題だ
カメラボディを安くするにはこの110(ワンテン)ポケットフィルムカートリッジフィルムを使えばいいのだが
まてよ
フィルムをボディに入れようとするから難しくなるんだ
いっそフィルムだけのカメラにしたらどうだろう?
これだ!

今まで2度も簡単カメラは失敗しているんだぞ
今度は自信があります
幸い今回売り出した「スーパーHR」フィルムは粒子性が高いので引き伸ばしもできます
プラスチック加工技術も進んでおりボディもレンズも可能です
レンズもプラスチックでつくるのか？大丈夫か？
キミはでかいから立つね…
私が考えているのは軽くて簡単に使えるフィルム型カメラです
高級な感じにはしたくないのです

中山は早速各部門の課長7人を集めプロジェクトチームをつくった
LFチームだ
何ですそれ？
レンズ付きフィルムプロジェクト(LF)だ
どうして課長ばかりいるのですか？
課長クラスは上にも下にもモノがいいやすい仕事もスムーズにいくからだ
この新しいカメラは誰でも簡単に写真が撮れるローコストのレンズ付きフィルムカメラだ

シャッタースピードは子どもでもブレない1／100秒絞りはピンボケしないF11で固定しよう
110カートリッジが入るシンプルなデザインだ
価格は1380円
デザインはこの2種類です
FUJIFILM
PHOTOJACK
PICCO
キミたちは何を売ろうとしているのかね？
もちろんフィルムです
じゃあフィルムの箱のデザインもあっていいのでは？
！

こうして110フィルム入り
フジフイルムのケースの
デザインが追加となり
結果的にこれが一番
売れた
SUPER HR100
SUPER HR
FILMWITHLENS
名前もパットリくんとか
フィルマーなど考えられ
たが、なかなか決まら
ないでいた
ほう、
これで本当に
写るのか
ね？
はい、
写るん
です
!
昭和61年（1986）7月
「写ルンです」発売
発売前にマスコミなどで
取り上げられたこともあり
一気にブレイク
FUJIFILM
レンズ付フィルム
NEWS
翌年には
35ミリ
フィルムの
「写ルンですHi」
も登場
生産が
追いつかない
大ヒットとなる
SUPER HR
FILMWITHLENS

その後も
フラッシュ付き
望遠
水中用など
次々登場
FUJIFILM
子どもや
女性から
人気を得、
新しい
市場を開拓
レンズ付き
フィルムは
あっという間に
市民権を
得た
パシャ
パシャ
平成2年(1990)
それまで使い捨てカメラと
呼ばれていたが
リサイクルシステムが100%完成
時代にマッチしたカメラとして
再び注目されている
SUPER
あの
UFO
撮れてた
かな?
あ~
UFOが
はみ出して
いる~

ヤクルト

人の腸の中にすむ乳酸菌を、強化培養させた「ヤクルト菌」が誕生したのは昭和５年。創立者が「１人でも多くの人に健康になってほしい」と願い続け、昭和10年、「ヤクルト」は製品化された。現在、乳酸菌飲料は数多くあるが、海外22の国と地域で販売されているのは「ヤクルト」だけ。１日の平均売り上げ本数は、国内を含めて2500万本にも及ぶ。

現代人は不規則な生活やタバコストレスで体が不健康になっていますからね
ヤクルトは生きている乳酸菌(ヤクルト菌)が入っていて体を丈夫にするんです
ヤクルト
明治32年(1899)長野県飯田市に代田稔(しろたみのる)は生まれた
代田家は紙問屋や養蚕を営んでおり比較的裕福だったが自然の厳しい伊那谷の村の生活は苦しかった

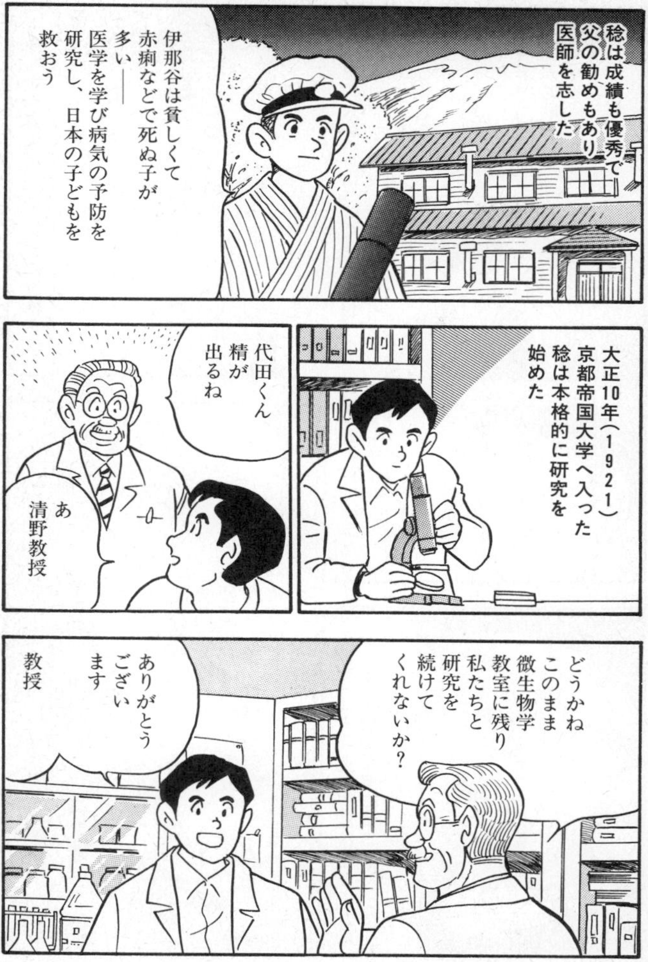
稔は成績も優秀で父の勧めもあり医師を志した
伊那谷は貧しくて赤痢などで死ぬ子が多い――
医学を学び病気の予防を研究し、日本の子どもを救おう
大正10年（1921）京都帝国大学へ入った稔は本格的に研究を始めた
代田くん精が出るね
あ
清野教授
どうかねこのまま微生物学教室に残り私たちと研究を続けてくれないか?
ありがとうございます
教授

1900年初頭
ロシアの生物学者メチニコフ
人間の老化は腸内にすむ細菌が有害物質を腐敗させるからだ
ブルガリア地方に長寿の人が多いのはヨーグルトを常食しているからでヨーグルトに含まれる乳酸菌が腸内の腐敗菌を退治するためである
しかしその後その乳酸菌は胃液などで死滅し腸内にすめないということがわかっている
細菌には赤痢菌やチフス菌など悪玉菌もいるがこれと戦うのが善玉菌だ
人の体の中の人腸乳酸菌がその善玉菌だ
この人腸乳酸菌を胃液などで死なない丈夫な菌に育てることはできないか?

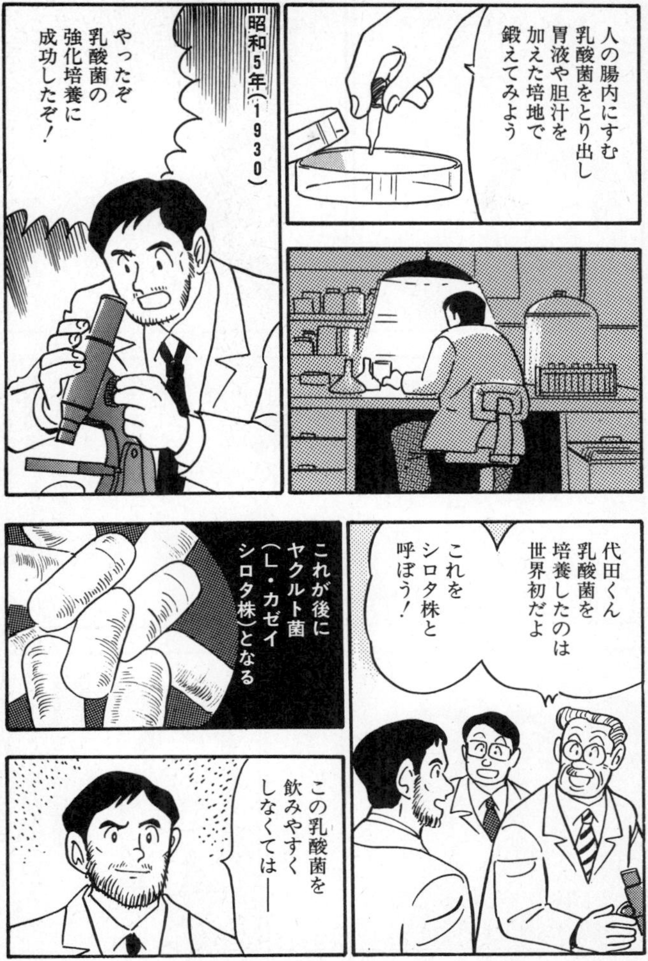
人の腸内にすむ
乳酸菌をとり出し
胃液や胆汁を
加えた培地で
鍛えてみよう
昭和5年（1930）
やったぞ
乳酸菌の
強化培養に
成功したぞ！
代田くん
乳酸菌を
培養したのは
世界初だよ
これを
シロタ株と
呼ぼう！
これが後に
ヤクルト菌
（L・カゼイ
シロタ株）となる
この乳酸菌を
飲みやすく
しなくては——

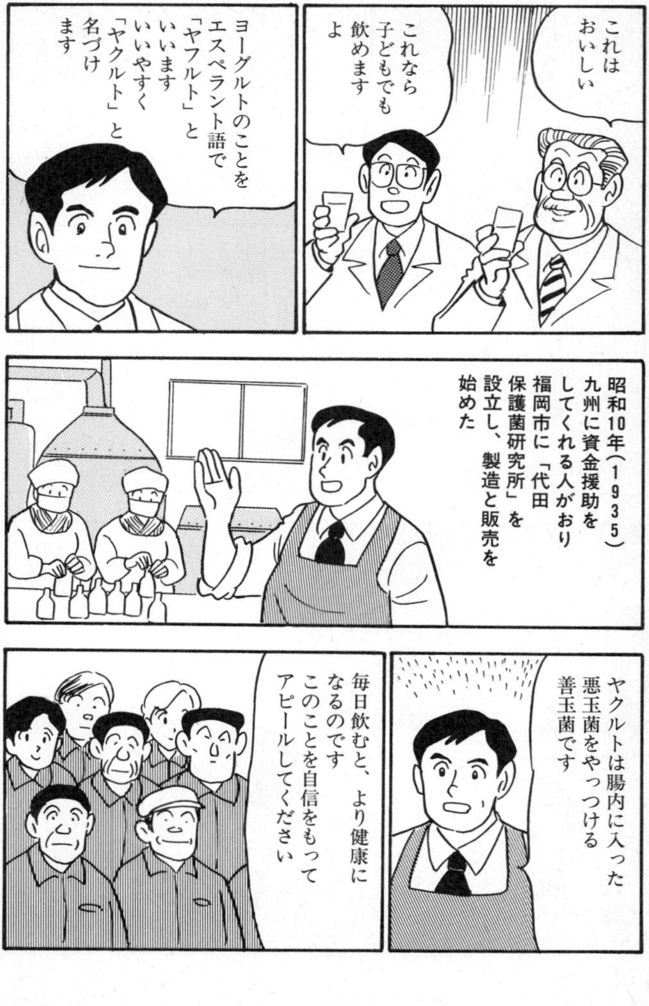
これはおいしい
これなら子どもでも飲めますよ
ヨーグルトのことをエスペラント語で「ヤフルト」といいますいいやすく「ヤクルト」と名づけます
昭和10年（1935）九州に資金援助をしてくれる人がおり福岡市に「代田保護菌研究所」を設立し、製造と販売を始めた
ヤクルトは腸内に入った悪玉菌をやっつける善玉菌です
毎日飲むと、より健康になるのですこのことを自信をもってアピールしてください

ヤクルトは生きています 鮮度が命ですから 直接家庭まで届けてください
生菌
ヤクルト
この販売システムは後に「ヤクルトレディ」を生むことになる
しかし代田は軍の命令で中国に医師として渡ることになった
昭和14年（1939）戦火が激しくなると帰国ヤクルトの製造にすぐとりかかった
戦争で多くの人が苦しんでいる 特に子どもたちは栄養失調になる ヤクルトで生きのびてほしい
値段はうんと安く ハガキ1枚タバコ1本の値段にして できるだけ多くの人に届けたい

そんなとき
妻が急死
そして終戦
何もかも
失った…
私には研究しか
残っていない
とにかくヤクルト
研究に打ち込もう
昭和25年（1950）
やったぞ
ようやく
シロタ株が
育ってきた
やりましたね
ヤクルトを
再生産
しましょう
ああ
再出発だ

ヤクルトは広く普及し、販売会社は全国に拡大していった
全国の販売網をまとめる本社が必要だな
昭和30年（1955）各社が出資して東京に本社を設立
ヤクルト
昭和35年（1960）クロレラを入れた「クロレラヤクルト」登場
しかしこの製品は5年ほどしか売られなかった
クロレラ生菌ヤクルト
ヤクルトです
女の人だと安心するわ

そうか
各家庭でヤクルトを
受けとるのは主婦が
圧倒的だ
販売員は男性より
女性のほうが親しみ
やすいし、お客様への
健康アドバイスも
やりやすいな
こうして昭和38年（1963）
ヤクルトレディが誕生
当時はまだ
「女は家に居るもの」
という風潮が強く
ヤクルトレディは
女性の社会
進出の
先がけに
なったと
いえる
ヤクルトの
おばちゃん
おねえさんと
呼んでよ
こうみえても
私たちは
独立販売店
なのよ
なんのこと
だかわから
ないよ…

ヤクルトレディは全国約140の販売会社に属し、5200人それぞれが独立した販売店というシステムになっている
昭和43年（1968）それまでガラス瓶だったがプラスチック容器に代わった
ヤクルト
ガラス瓶は重いし回収と洗浄に手間がかかったけれどこれで楽になったわ
昭和49年（1974）スーパー等でも販売されて一気に売り上げが伸びた
それにしてもヤクルトって何でこんなに小さいの？
でこの容器のくびれは何？
65㎖容器にはヤクルト菌が150億以上入っていて、お腹を快調に保つにはこれで十分だからなんです
このくびれは1度に飲み切らず、ゆっくり味わっていただくための工夫なんです

●ソニーの●

「ウォークマン」

「ステレオを歩きながら聴けないだろうか？」という経営トップのひと言がきっかけで生まれたのが、「ウォークマン」。今から22年前の1979年のことだった。街はすぐにヘッドホンをつけた若者であふれた。やがて日本の若者の新しいライフスタイルとして、すっかり定着するとともに、世界でも一般名詞になるほど有名になった。2000年度には累計出荷台数は２億台に達した。今なお進化し続けている商品の誕生物語。

みんなヘッドホンしてるね
このスタイルを定着させたのがソニーのウォークマンよ
SONY
W.
昭和20年（1945）海軍の戦時科学技術研究委員会で井深大と盛田昭夫は出会った
井深大
（いぶかまさる）
盛田昭夫
（もりたあきお）
お互い話が合うな

終戦直後――
名古屋
おっ
あの
井深さんが
ラジオを
つくっている
オレも
やって
みたい
上京した盛田は
昭和21年（1946）
井深と
東京通信工業を
設立
通信機器の
生産が
順調となり
工場も拡大
井深らは
新しい事業に
チャレンジしていた
昭和24年（1949）
アメリカの
ワイヤレコーダが
手に入ったので
試作してみたが
とても
実用的では
ありません
ワイヤでは
役不足
なんだ
進駐軍の
話だと
ドイツ製品に
紙テープを
使った
録音機が
あるそうだ

磁気を加えたテープをつくってみよう
磁石は細かくしてもダメだ
蓚酸（しゅうさん）第二鉄を熱すれば磁石ができる
ごはん粒で塗り込もう
ハケはタヌキの毛がいい
テープ素材は麻入りのクラフト紙がよさそうだ
こうして昭和25年（1950）日本初の磁気テープ「ソニ・テープ」完成
Soni-Tape
同時にテープレコーダー「テープレコーダーG型」も完成
価格は16万円で主に官公庁用に使われた
重さ45kg

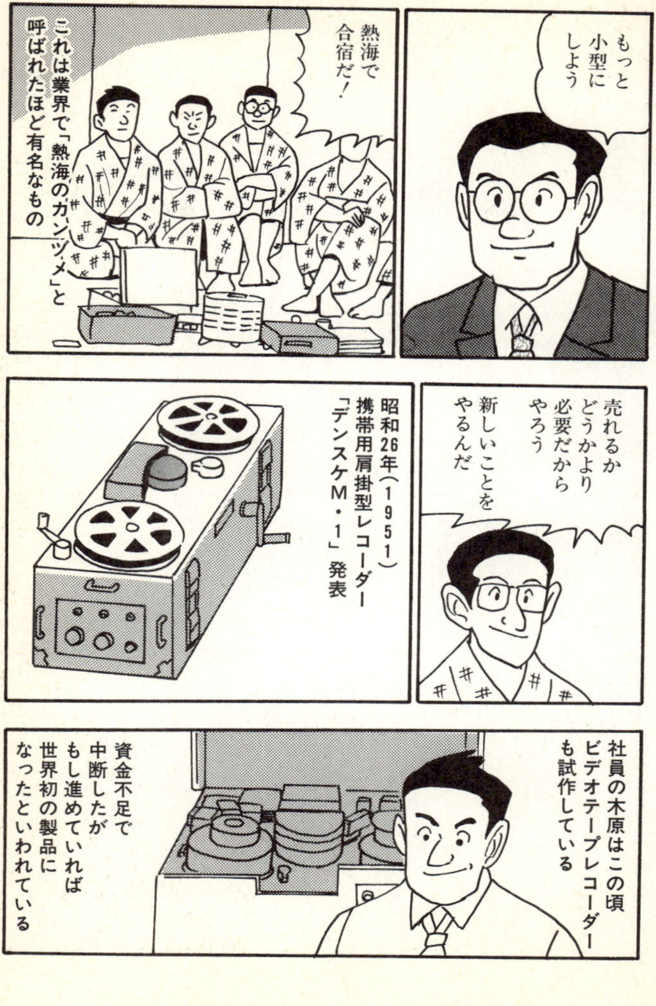
もっと小型にしよう
熱海で合宿だ！
これは業界で「熱海のカンヅメ」と呼ばれたほど有名なもの
売れるかどうかより必要だからやろう 新しいことをやるんだ
昭和26年（1951）携帯用肩掛型レコーダー「デンスケM・1」発表
社員の木原はこの頃ビデオテープレコーダーも試作している
資金不足で中断したがもし進めていれば世界初の製品になったといわれている

新しい製品を常に開発し消費者をリードしていく
世界に通用する製品をつくるんだ
昭和32年、マガジンタイプの「ベビーコーダー」を発売
昭和33年（1958）「ソニー」に社名変更
昭和41年（1966）ソニー初のコンパクトカセットテープレコーダー「マガジンマチック100」発売
もっと小さくしたい
昭和43年（1968）TC50発売
これがアポロ宇宙船で使われたためソニーの名は一躍世界に知られることになった

昭和52年(1977)小型軽量カセットテープレコーダー「プレスマン」登場
SONY
若者はいつでも音楽を聴いていたいものなんだな
しかし今のカセットテープレコーダーはまだ大きすぎる
もっと小さくすれば彼らに受け入れてもらえるぞ
井深名誉会長(当時)

このプレスマンを小型ステレオテープレコーダーにできないかな？
盛田会長（当時）
録音と再生を入れるのは苦しいな
じゃあ再生だけ入れてつくろう
会長 今まで録音機能のないテープレコーダーは売れたことがありません
それに小型ではステレオにしにくいです
ヘッドホンタイプにしたらどうだ？
若者はオリジナルの音楽テープをたくさん持っているから再生で十分だ
いかがですか？

おおっ いいじゃないか！
しかし ヘッドホンが 大きいな
盛田くん 実は他の部署で 軽量のヘッドホンの研究を してたんだ これが使えないかな？
おおっ これはいい
私も 買いたく なるよ
よし いける！
ネーミングは どうする？
歩きながら 聴ける プレスマン だから ウォーク マンだ
ところが販売店の評判は よくなかった
録音なしの テレコ なんて 売れるの かな…
SONY

でもこれステレオだぜ音もいいよ第一カッコいいぜ
若手タレントがウォークマンを使うと注目が集まった
社員も出社時や帰宅時につけて歩いた
それどこで売っているの？
何だいそれ？
昭和54年（1979）7月1日世界初の超小型ステレオカセットプレーヤー「ウォークマン」発売
SONY
WALKMAN
発売当初はさっぱり反応がなかった

発売して20日目頃から
徐々に売れ出し、その後3週間で
3万台が売り切れた
そして生産が間に合わないほどの
大ヒットとなった
昭和55年（1980）には
ローラースケート、デジタル時計
とともに〝新三種の神器〟とまで
いわれ、若者の新しいライフスタ
イルを生んだ
翌年には、より小型で
高性能の「ウォークマン
WM・2」を発売
1年で250万台が売れた
SONY
WALKMAN II
昭和57年（1982）
イヤホン型ヘッドホンが
登場し、現在のスタイル
となる
ウォークマンは
カセットからCD、MDへと
移行し
さらにメモリースティック型
へと進化している
MS
ウォークマンは
常にチャレンジの
製品なんだね

味の素

昭和60年に国際共通語として認知された「UMAMI」。昆布に含まれているグルタミン酸を主成分とした調味料が「味の素」である。明治42年に画期的な発明品として誕生以来、料理の「うま味」を手軽に引き出せると消費者に大好評、私たちの毎日の食生活には欠かすことのできない調味料のひとつとなったのだ。いったい、このロングセラー商品は、もとはどのようなことがきっかけで産み出されたものなのだろうか？

決め手は味の素
このうま味は日本人が発見したのよね
味の素
AJI-NO-MOTO
明治40年（1907）東京——
東京帝国大学の池田菊苗（いけだきくなえ）教授（44）はある日夕食に湯どうふを食べていた

はふ
んまい！
きょうは高級昆布でおダシをとったんですよ
ふむふむ
しかしどうして昆布だとうまくなるのだろう…
好奇心旺盛な池田教授は本来の研究を中断し昆布の味の研究を始めた
何も出ない思いちがいか

三宅秀氏はうまい味は消化を促進させると説いている
何かあるはずだ
東洋学芸雑誌
おや？昆布のダシ汁を処理したら白い結晶が残ったぞ
これがうま味か!?
昆布のおいしさのもとがグルタミン酸なんだ
これを調味料として使えるようにしよう
塩や砂糖と同じようにしよう
先生、鈴木という人が訪ねてきてます
？

私は神奈川の葉山で昆布からヨードをつくっている鈴木三郎助というものです
先生が昆布の研究をされていると聞いたものでうかがったしだいです
でもグルタなんとかじゃ役に立ちませんわ失礼しました
妙な人だ
池田教授はこの年に製造の特許をとったが、その商品化には苦労した
うちではそんなわけのわからんものはお断りだね
う〜む製品にしようにもどこでも断られてしまう
そうだあの男だ！
たしか葉山の鈴木三郎助といったな

葉山で「滝屋」という販売店を営んでいた鈴木三郎助は米相場で失敗し、財産も失った――
母と妻は昆布からヨードをつくる仕事をしており三郎助も加わると事業は上向いてきた
明治40年(1907)鈴木製薬所を設立
池田教授を訪ねたのもこの頃だった
おお池田教授ようこそ
あのときは失礼したじつはこんなのをつくったので製品化ができないものかと思ってね

これは何です？
昆布のうま味成分からつくった調味料です
こんなの売れますか？
まったく新しい商品です
食べ物のうま味をひき出すものです
原料は昆布でなくとも安い小麦でもできます
うま味発見当時は4つの基本味しか知られていなかった
うま味が認知されたのは1985年
それ以来Ｕｍａｍｉは世界の共通語となっている
Umami
とりあえず市場調査をしてみよう
何度も試食会を開いて反応をみた

これは
美味だ
食通小説家の
村井弦斎先生も
絶賛してくれた
他の先生の
評判も
上々だった
商品にするなら
名前が必要だ
池田博士は
「味精」と
いってた
薬みたいだな
「だしの元」とか
「味の王」なんてどうだ?
「味の元」は?
「味の元」は
いいが
元では
古いな
「味の素」だ
明治42年(1909)5月
味の素発売
中瓶30g
50銭
AJINOMOTO
素の味
S.SUZ

ところがまったく売れなかった
味の素何だいそれは？
あたしら食べるのにせいいっぱいで味のよし悪しなんて二の次だよ
名前と商品を知ってもらうには宣伝だ！
味の素
芸者や医者、役者などに試供品を配り宣伝してもらったり当時まだ珍しい自動車による全国行脚やイルミネーションによる広告も行なった

宣伝活動の効果や
大口需要の開拓で
ようやく収支が合い出した
のは大正7年(1918)頃
だった
そんな時
ヘビ騒動が起こった
味の素の原料はヘビだそうよ
デマは次々広まり売り上げはダウン
さらに類似品が出まわった
料理の素
味元
あじもと
被災者のために味の素の原料の小麦粉を放出しろ
原料はヘビじゃないのか…
当然です!

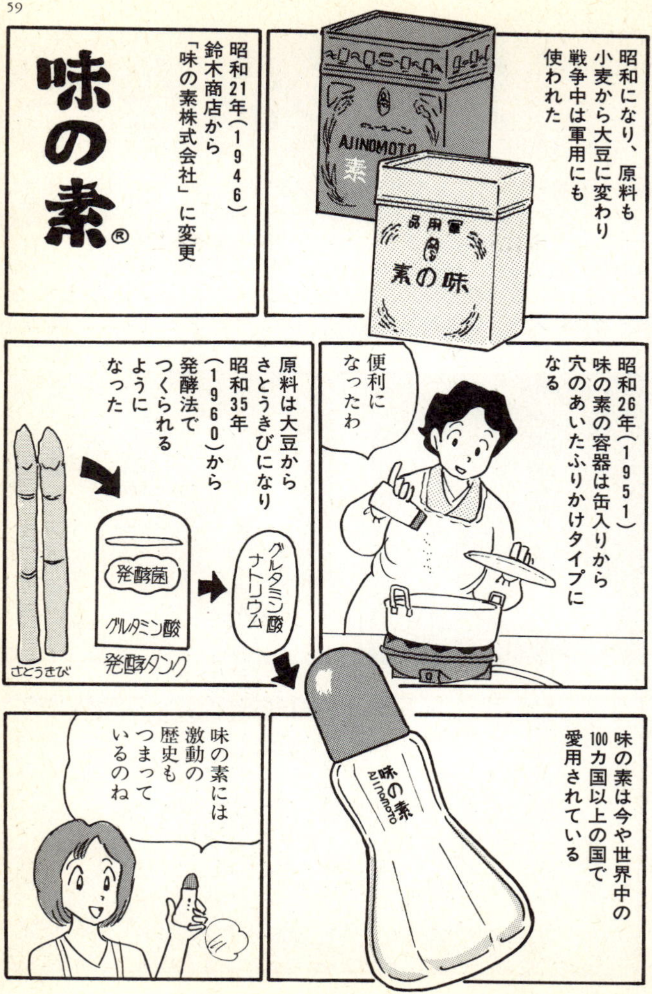
昭和になり、原料も小麦から大豆に変わり戦争中は軍用にも使われた
AJINOMOTO
昭和21年（1946）鈴木商店から「味の素株式会社」に変更
味の素®
昭和26年（1951）味の素の容器は缶入りから穴のあいたふりかけタイプになる
便利になったわ
原料は大豆からさとうきびになり昭和35年（1960）から発酵法でつくられるようになった
グルタミン酸ナトリウム
発酵菌
グルタミン酸
発酵タンク
さとうきび
味の素は今や世界中の100カ国以上の国で愛用されている
味の素
AJINOMOTO
味の素には激動の歴史もつまっているのね

金鳥の渦巻

蚊とり線香といえば「金鳥の渦巻」。明治35年に誕生して以来、すでに100年近い寿命を保っている超ロングセラー商品だ。そもそもは、温州ミカンの苗木と交換に、米国人から除虫菊の種子を譲り受けたことから開発が始まった。当初は「棒状」だったものを、長時間保たせるために「渦巻」状の形に変えたところ、爆発的にヒットした。ところで、蚊とり線香に火をつけるとなぜ蚊が死ぬか、その謎をご存じでしたか？

ポン
やっぱり
日本の夏には
金鳥蚊とりね

明治18年（1885）
和歌山県有田市
和歌山といえばミカン
その中でも
ミカン王といわれたのが
上山家だった

上山家の七男・24歳の
上山英一郎
（うえやまえいいちろう）は
慶應義塾を卒業した後
家業の手伝いをしていた
上山商店
これからは
海外にも
進出したい
上山商店を設立し
ミカンの輸出を始めた
恩師・福沢諭吉から
アメリカの植物会社を
紹介された
H・E・
アモア
です
アメリカで
ミカンの
販売を
しま
しょう
すばらしい
土地だ
ミカン園を案内し、ミカンや
竹など日本の植物の苗を
アモア氏に贈った

翌年——
アモア氏からお礼の品が届いた
何かの種ですね
アメリカではこの植物により巨万の富を築いた人がたくさんいるそうだ
——この植物は除虫菊というようだ
除虫菊は日本ではシロムシヨケギクと呼ばれている
原産地はクロアチア
15世紀——クロアチアで観賞用だった除虫菊を捨てたところ、その場所だけ虫がたくさん死んでいた
研究の結果
除虫菊に含まれるピレトリンという成分に殺虫作用があることがわかった

除虫菊は荒れた土地でも栽培できるというからこれで貧しい農家を救うことができるかもしれないぞ
害虫は農家にとって天敵だ
これを全国の農家に普及させて農家を守ろう
輸出すれば国も豊かになる！
英一郎は全国を巡り除虫菊の普及をし始めた
何だべこれは？
他の作物に悪影響が出るだ
しかし多くの農家は新しい植物の作付けには興味を示さなかった

パン
そうだ
昔から日本には草を
くべたりする蚊遣(や)り
という風習があったな
しかし
あれは
殺虫効果は
ない
ま
仏教では
殺生は
しないからな
パラパラ
ほう
除虫菊を
粉にして
くべれば
効果は
絶大だ
ごほっ
でも
これじゃ
灰が飛んだり
火がついたり
して
不便だ
何か
いい方法が
ないものか

明治21年（1888）東京──
宿
あいにく満室で──相部屋でよろしければ……
かまわないよ
ほう線香屋さんですか
そうだ！
ガバッ
和歌山──
線香づくりを学んでこいと？
ああ
大将いったい何をやるつもりだ？
旅先で妙な病気にかかったんと違うか

ダメでした…
お前スパイだな!
素人にはムリだ ここは人材を引き抜くとしよう
2年後―― 世界初の棒状蚊とり線香が完成
しかし1時間しかもたない……
長くしようにも限界がある
その頃、全国行脚した英一郎のことが新聞に載り注目が集まることになった
へー マスコミの力はすごいな 広告で除虫菊のことも知ってもらおう
ユニークなCMで知られる「金鳥」の広告の原点はここにある

英一郎さん あんたは 地元の 有名人だ
町長に なれ
除虫菊を 地元の 独占事業 にしよう
サイン くれ
会社を つくって 大儲けを しようじゃ ないか
私は全国に 広めるために行脚 したんだ 独占するつもりはない
国益の ためだよ
明治男は気骨が あったのだ
そんな ことより 世の中は 疫病が 蔓延している
蚊やノミを 早く駆除 しなくては いけない
そのためにも この 蚊とり線香を もっと 長持ち させたい のだ

渦巻にしたらどうです？
あ
妻ゆきのひと言で後の蚊とり線香のデザインが決まった
渦巻をうまくつくるにはどうすればいい？
そうだ芯に2本同時に巻きつけてあとではがせばいいんだ
試行錯誤の末、あみ出した技術は昭和30年頃機械化されるまで手巻きが続いた
うーむ今度は乾燥が問題だ
板の上ではくっつくし吊るすと形が崩れる
あなたお食事ですよ
うーむ

あ
こうしてアミの上で乾かしたらどうです?
やったぞゆき!これで全部解決だ
このアイデアは現在でも使われている
明治35年(1902)渦巻型の蚊とり線香発売
KAYAIRAZU
COCKSEC
金鳥かやいらず
かやの代用
KILLER
MOSQUITO
大正11年頃のパッケージ
効果も寝ている間7時間以上持続
またたく間に全国の家庭で使われ、夏の必需品となった

ブランド名が必要だ
史記の言葉に「鶏口となるも牛後となるなかれ」がある
小さな会社でも、そのトップになれるよう、時を告げるニワトリをマークにしよう
商標
上山
金鳥(きんちょう)だ!
太平洋戦争で、除虫菊畑はイモ畑などに変わり、減少
戦後ピレトリンよりも強力なアレスリンが化学合成されると、除虫菊はあまり使われなくなった
金鳥の渦巻
渦巻の製造方法も型でうち抜く機械式となる
蚊とり線香の成分はアレスリンが0・3〜0・6%
ほとんどが木粉やでんぷん
除虫菊は香りづけ程度しか使用されていない
じつは煙に殺虫効果はなく煙の出る少し手前から成分が蒸散しているのだ〜〜

カルピス

初恋の味「カルピス」が誕生したのは大正８年。ヒントはモンゴルの「酸乳」と呼ばれる発酵乳だった。そこから80年を超える不滅のロングセラー商品の道を歩み出す。現在、「カルピス」だけでなく、そのまま飲める「カルピスウォーター」、血圧の高い人に適した「カルピス酸乳／アミールＳ」など、「カルピス」ワールドは広がり続けている。日本初の乳酸菌飲料誕生の歴史を振り返ってみよう。

CALPIS.
カルピスウォーター
CALPIS Water
後味すっきり
おいしい水でつくりました
うまい！
どうせ飲むならお腹にいいのがいいね
明治後半日清戦争に勝利した日本は中国へと進出していた

西本願寺文学寮へ入った三島海雲(みしまかいうん)も中国に希望を見いだしていた
オレも中国で仕事をしたい
英語教師となった海雲は仏教大学へ編入学し中国へ渡ることにした
明治35年(1902)海雲は北京の中学校の教師となった
ある日奈良の山林王の息子土倉五郎と出会った
へーあんた関西の人か
大阪や

どや
でかい仕事を
やらないか？
日本の品を
中国で
売るんや
儲かるで
明治36年（1903）
商社の前身ともいえる
雑貨貿易商
「日華洋行」を設立
海雲らは幌馬車隊を
組んで雑貨を売り歩き
モンゴルまで足をのばした
モンゴル
うまい
何です
これは？
ジョッヘ
です

馬や牛の乳をカメに入れ乳酸発酵させたクリームで残った液体はエードスン・スー(・)酸乳といいます
オレはもともと胃腸が弱いんだ北京にいると不調なのにモンゴルにくると調子がよくなるのはこれのおかげだ
明治42年(1909)「日華洋行」で得た資金を元にめん羊の牧畜を始めた
清国のバックアップもありウールの生産も順調だ
!?
ところが明治44年(1911)中国で辛亥革命が起き清国は崩壊した
中国では商売はできない

大正4年（1915）38歳の海雲は無一文で帰国した
日本も変わったな
ヨーグルトか
Menu
ん？何だこれは？モンゴルで食べたものとはまるで違うものだ
ジョッへは体によかった
あれを日本でつくれないものか
牛乳を乳酸発酵させてクリーム状のものをとり出せばいい製法もモンゴルで学んだ——できるぞ！

土倉さん だれか 一流の医師を 知らないか？
病気か？
海雲は何かを始めるとき必ずその道の第一人者に意見を聞くことにしていた
これは「日本一主義」といい事業を成功させるうえでも多くの知人を得るうえでも大いに役立った
大正5年（1916）発酵クリーム・ジョッへ完成「醍醐味」として発売し社名も「醍醐味会社」とした
本日之業実
醍醐味
雑誌に紹介記事を載せ通販や酒店でも扱い大いに売れた
しかし「醍醐味」は牛乳18リットルから1.8リットルしかとれず、生産効率が悪く販売は中止となった
成功したが失敗だ
余った脱脂乳の処理も問題だった
牛のエサにもならん

滋養や殺菌作用もあるんだ自然的強壮食品として売ろう
醍醐素
「醍醐素」として販売したがさっぱり売れなかった
キャラメルにしよう
ラクトーキャラメル
だが暑くなるととけてしまい失敗
ふ～
コポコポ
何やっているんだ?
「醍醐素」に砂糖を入れて水でとくとけっこういけます
ボク甘いもの好きなんで

客にも
出して
いるのか
昨日のが
残って
いるぞ
片づけが
悪いな
ん？
昨日より
味が
よく
なって
いるぞ
？
日が
たつほど
うまく
なって
いる
どういう
ことだ？
空気中の
酵母が
入り
自然発酵
したんだ
これだ！
熱処理すれば
発酵菌を
おさえられ
ちょうど
いい味に
できる
これは
いける！

商品にするには名前がいる
牛乳はカルシウムだ
梵語(サンスクリット語)で醍醐味のことをサルピルマンダといいます
熟酥(じゅくそ)のことはサルピスという
カルピルかカルピスにしよう
どちらがいいかな?
「日本一主義」で決めよう
作曲家の第一人者山田耕筰を訪ねた
「カルピス」はひびきがいいですね

大正8年（1919）7月7日
「カルピス」発売
カルピス
CALPIS
カルピス
大正11年（1922）
“カルピスは初恋の味”の
キャッチフレーズで
大評判となり
包装紙も
7月7日の
七夕の天の川を
イメージした
水玉もようとなった
CALPIS
カルピス
戦後、青インクが
不足したため
白地に青の
水玉もよう
となるが
これが
現在まで
続いている
カルピス
昭和35年発売開始の
オレンジ等の
フルーツカルピスは
ギフトとしても人気の
定番商品となった
平成3年、
（1991）
そのまま
飲める
カルピス
ウォーター登場

ごきぶりホイホイ

台所を住処《すみか》とする主婦の天敵・ごきぶりを一網打尽にしようと、昭和48年に誕生した「ごきぶりホイホイ」。昔ながらのハエトリ紙に着目、「見ない、触らない」で捕獲できるため、主婦たちも大歓迎。ネーミングのとおり、「ホイホイ捕れて、ホイホイ儲かる」商品に成長した。現在、ごきぶり粘着捕獲器市場の81％を占め、年間37億円の売り上げを誇るロングセラー商品には、どんな仕掛けが隠されているのだろうか？

なに!? また仲間がやられただと!?
このアースの「ごきぶりホイホイ」には気をつけろとあれほどいったのに

明治25年（1892）木村秀蔵（きむらしゅうぞう）は大阪で木村製薬所を設立
木村製薬所
大正時代工場を兵庫県赤穂につくり、炭酸マグネシウムの国産化に成功し化学薬品メーカーとして成長していた

昭和初期
殺虫剤にも進出
家庭用殺虫剤
「アース」を発売
アース
アース
その後、社名も
「アース製薬」となり
事業は順調だった
戦後も順調だったが
昭和40年代になり
世の中は公害問題に
揺れ始めた
わが社は
殺虫剤に
あぐらをかき
新しい商品の
開発をして
こなかった
このまま
では
経営が
困難に
なる…
昭和46年（1971）
厚生省から
DDTなど有機塩素
による殺虫剤の
製造を中止する通達があり
経営に決定的ダメージを
与えた
アース
支援を
求め
なくては
……

この危機を打開するため
アース製薬は大塚製薬に
支援を求め
大塚グループに入った
オロナミンC
大塚製薬
大塚正士社長
優良企業の
アースを
つぶしたく
ない
正富
アースを
再建して
くれないか
アース製薬の名を
残して再建か
責任重大
だな
昭和45年(1970)
大塚正士社長の実弟
大塚正富(40)は
アース製薬の新社長と
なった
アース製薬

赤穂——
ブゥゥ
これといったアイデアが浮かばぬ
ミ～ン
ミ～ン
セミか——もう夏か
ミ～ン
ミ～ン
そういえば昔はトリモチでセミ捕りをやったな
ミ～ン
ミ～ン
はっ
アース製薬赤穂研究所
所長ォ！

所長
急いで
ハエトリ紙と
ごきぶりを
用意して
くれ！
何を
するんで
す？
いけるぞ
ははは
いける
るぞ
？
今、市販されている
ごきぶり捕獲器は
ガラス箱だから
中が見えるし
洗う必要もある
これは
不便だし
不潔だ

私の考えたものはハエトリ紙を応用した粘着剤でごきぶりを動けなくするものだ
箱は使い捨てできる紙製だ
ねばっ
外からごきぶりが見えないようなデザインにしたい
でもごきぶりを何かでひき寄せなくてはいけません
そこなんだ
これはごきぶりを飼育して彼らの習性を研究する必要があるな

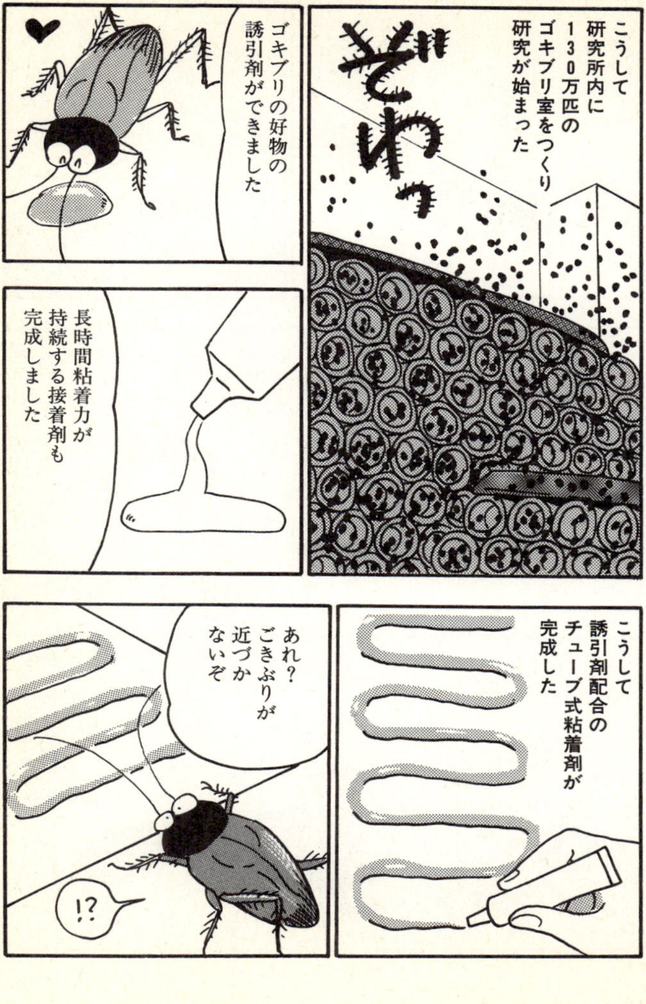
こうして研究所内に130万匹のゴキブリ室をつくり研究が始まった
ざわっ
ゴキブリの好物の誘引剤ができました
長時間粘着力が持続する接着剤も完成しました
こうして誘引剤配合のチューブ式粘着剤が完成した
あれ？ごきぶりが近づかないぞ
!?

ごきぶりは触角が鋭いため強い粘着剤を察知するんだ
くそうカンがいいな
つん
それに後ろ足が強いため粘着剤上を走りぬけることもあるぞ
くそうしぶといなァ
たったたったっ
ごきぶりのウラをかかねば
入口に角度をつけたらどうだろう？
坂道を越えて前に落ちれば後ろ足のふんばりがきかなくなる
角度は30度から45度が効果的だ
箱の屋根にヒサシをつけて陰をつくるとごきぶりが入りやすい

よし いけるぞ
商品名が 必要だ
怪獣ブーム だから 「ゴキブラー」 とか?
「ゴキハンター」 なんてのは?
どこかで 聞いたような 名だな もっと ユニークで インパクトの あるのが 欲しい
ほう これが ごきぶり 捕りか
ホイホイ 捕れて ホイホイ 儲かると いいな
「ごきぶり ホイホイ」 だ
アース
ごきぶりホイホイ
パッケージも うんと マンガっぽく しよう

昭和48年（1973）4月
「ごきぶりホイホイ」発売
当時450円
（5枚入り）
アース
ごきぶりホイホイ
大いに
売れて
います！
製造が
追いつき
ません！
これで
アースを
再建
できます
昭和53年（1978）
チューブタイプに代わり、
シートタイプが登場
便利さが受け、大ヒット
粘着シート
誘引剤
平成6年（1994）
ごきぶりの足に付いている
油分や水分をとり除くための
"足ふきマット"付き
「ハイパーごきぶりホイホイ」
登場
いいか
次も何か
しかけて
くると
いうから
気を
つけろ
！
こわいよ

「セロテープ」

「セロテープ」はれっきとした登録商標だということをご存じですか？圧倒的シェアを誇る「セロテープ」が誕生したのは、戦後間もない昭和23年のこと。アメリカではすでに商品化されていたが、日本までは届いていなかったため、GHQ（連合軍総司令部）が当時、絆創膏メーカーだった「日絆薬品工業（現・ニチバン）」に開発を要請したことが契機で始まったのだ。何と「セロテープ」は薬の会社から生まれたのである。

ぼくらの仕事も「セロテープ」よく使うんです
セロテープ
明治半ば――東京
歌橋又三郎（うたはしまたさぶろう）は日本橋に「歌橋輔仁堂（ほじんどう）」という薬局を開設していた
おや 土肥博士

歌橋さん
ピック氏硬膏(こうこう)というのをつくってもらえないか?
ピック氏硬膏というのは皮膚病に使う膏薬だが品質が不安定のためいいのを探しているんだ
仕事で知り合った東京大学の土肥慶蔵博士からピック氏硬膏の試作を依頼された
何とかやってみましょう
時間がたつと変質してしまう
思ったより大変だ
明治44年(1911)成人し、薬剤師となった息子の歌橋憲一(けんいち)も協力するようになりピック氏硬膏が安定し始めた
品質もよくなり一貫生産もできるようになった

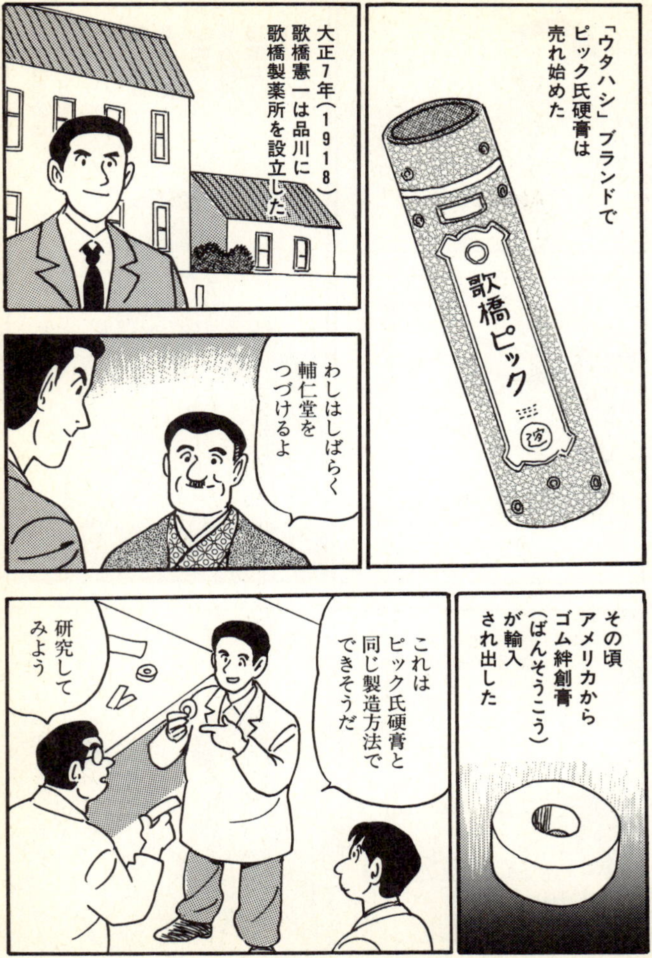
「ウタハシ」ブランドで
ピック氏硬膏は
売れ始めた
歌橋ピック
大正7年（1918）
歌橋憲一は品川に
歌橋製薬所を設立した
わしはしばらく
輔仁堂を
つづけるよ
その頃
アメリカから
ゴム絆創膏
（ばんそうこう）
が輸入
され出した
これは
ピック氏硬膏と
同じ製造方法で
できそうだ
研究して
みよう

ゴム絆創膏は
1890年
アメリカの
ジョンソン&ジョンソン社で
開発され
欧米に広まった
日本でも
明治時代
陸軍により
研究され
つくられていた
ゴムを溶液でとかし
人工的に乾燥させ
ればいい
大正9年（1920）
絆創膏を発売すると
大いに売れた
ロイヒプラスター
RIBON BRAND
PLASTER
PLAIN
暑くなると
とける！
変質
するわ
長く
もたない
ぞ！
ところが
品質が
悪く
返品が
相次いだ

そして大正12年(1923)関東大震災が襲った
工場の被害は少なくて助かったが絆創膏もそのままだ…
大将陸軍の方がお見えです
?
救急用にこの絆創膏を全部買いたい
え!?

昭和に入ると
新しい技術を開発し
絆創膏の品質も
向上
次々と新製品を
発表し、
歌橋製薬所は
日本一の
絆創膏メーカー
となっていた
ROIHI
軟膏
製薬所
時代は戦争へと突入
工場は軍の管理下に
おかれた
資材は確保できるが
経営まで口を出されては
かなわぬ
昭和15年（1940）
資材調達のため全国の絆創膏
会社が協力し「日本絆創膏
資材有限会社」を設立
しかし昭和19年（1944 4月）
歌橋製薬所は軍需工場となる
国の企業整備令により
全国24の絆創膏メーカーが
歌橋製薬所に統合された

名称も「日絆工業株式会社」となり、歌橋憲一が新社長に就任
ニチバン
終戦
昭和22年（1947）
社長 こんなセロハン粘着テープが欧米で人気だそうです
セロハン粘着テープはアメリカのスリーエム社が開発したもので自動車の塗装に使われていた その後一般にも広まったという
なつかしいな ウチも10年前考案し、軍に納入していたぞ

あの当時は一般に受け入れられないと思いそれ以上開発しなかった
でもこれなら絆創膏の技術を使えば容易ですやりましょう
同年12月
GHQのスミス中尉です
おじゃまする
じつはGHQで事務用にセロハン粘着テープを使っているが本国からなかなか届かず困っているこちらでそれがつくれないものか
社長
うむ

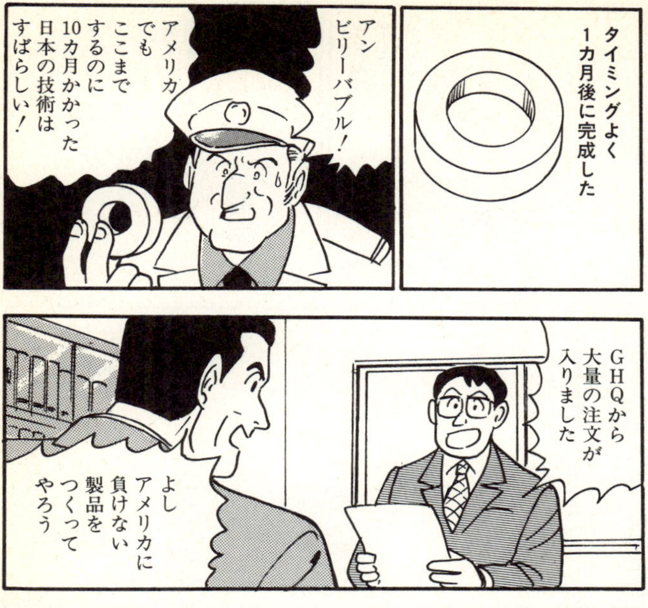
タイミングよく
1カ月後に完成した
アンビリーバブル！
アメリカでもここまでするのに10カ月かかった日本の技術はすばらしい！
GHQから大量の注文が入りました
よしアメリカに負けない製品をつくってやろう
こうして品質の向上したセロハン粘着テープがつくられ昭和23年（1948）「セロテープ」として発売
ディスペンサーも同時に開発
Cello Tape

ところがまったく売れなかった
新しい商品のためどこにも理解されなかったのである
宣伝活動を盛んに行ないデパートなどへの売り込みが続いた
ニチバン セロテープ
ニチバンセロテープ
1年後、紙や布の粘着テープが売れ出すと「セロテープ」も認知され始めた
Cello Tape
セロテープ
150円(昭和26年)
昭和28年(1953)文具界で人気となりボールペン、マジックとともに「セロテープ」は三大文具といわれるまでになった
昭和36年(1961)「ニチバン株式会社」となるニチバン「セロテープ」は現在も文具の必需品として不動の人気を保ち年間7000万個の出荷がある
セロテープ
セロハンはパルプからつくられるので天然資源なんです
ペタッ

サトウの切り餅

昭和49年から放映された歌手・西川峰子のテレビCMで全国に知名度を高めた「サトウの切り餅」が誕生したのは昭和47年。お正月などにしか食べない慶事品として珍重されていた餅を、独自の技術で長期保存がきく通年食品にした画期的商品だった。創業者が餅の製造を始めたのは、もち米がまだ統制品であった昭和31年のこと。開発に取り組んだ16年間に創業者が、失敗にくじけず挑戦し続けた困難な課題とは？

チン
電子レンジでお餅が焼けるって便利ね
「サトウの切り餅」のおかげだわ
昭和20年（1945）新潟
39歳の佐藤勘作（さとうかんさく）はブローカーや漁師など職を転々としたが、思う仕事にめぐり会えないでいた

昭和25年（1950）友人と共同で白玉粉の製造を始めた
白玉粉は新潟の伝統食品で、古くから祭りの料理、汁粉やぜんざいに使われている
昭和29年（1954）「佐藤勘作商店」として独立
白玉粉の製造は手間がかかるし夏場に需要が多い商品だ——なにか年間を通して売れるものがほしい…
そんなとき親会社が倒産下請けの佐藤勘作商店は早くもピンチを迎えた
!?
すまぬ北海道の販売ルートを譲るからかんべんして欲しい

これからは独自のルートを拡張していかねばならない
サトウ
白玉粉
タタン
タタン
ほう佐藤さんは新潟ですか
いい所ですなァ
昔食べた新潟の餅はうまかった北海道でも食べられるといいのだがね
!
はっ
新潟は米どころ餅どころだった
外に出て初めて気がついた
餅をつくれば冬場でも売れる
タ

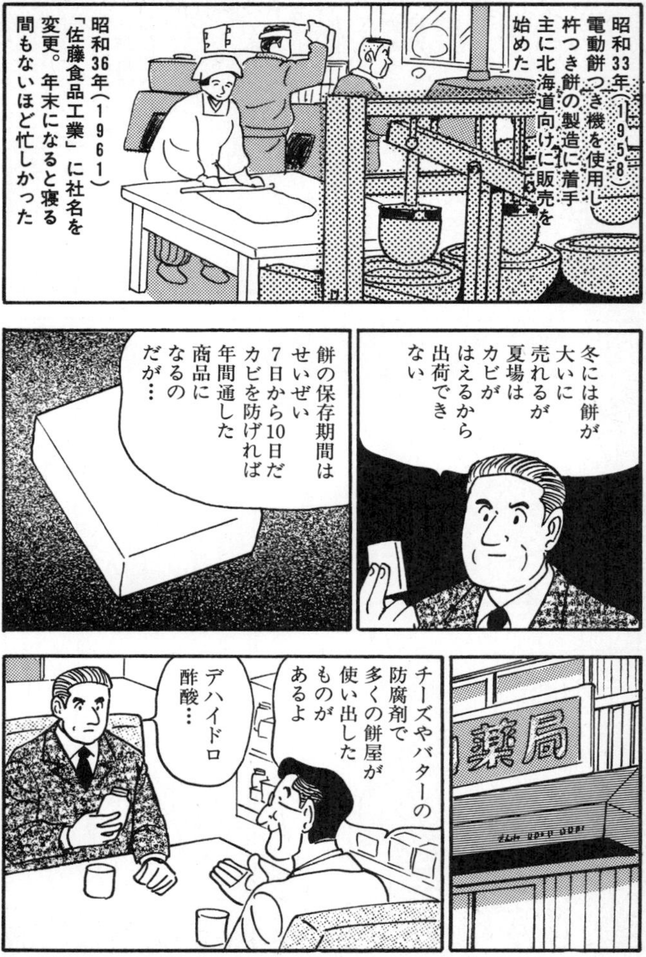
昭和33年（1958）
電動餅つき機を使用し
杵つき餅の製造に着手
主に北海道向けに販売を
始めた
昭和36年（1961）
「佐藤食品工業」に社名を
変更。年末になると寝る
間もないほど忙しかった
冬には餅が大いに売れるが夏場はカビがはえるから出荷できない
餅の保存期間はせいぜい7日から10日だカビを防げれば年間通した商品になるのだが…
薬局
チーズやバターの防腐剤で多くの餅屋が使い出したものがあるよ
デハイドロ酢酸…

ところがこの薬品は食品衛生法で主食品に対して使用禁止のものだった——これがニュースとなった
毒餅!?
ウチも大量の返品だ全国の餅屋も大ピンチだ
佐藤功専務
米菓子メーカーにまわしても工場の借金には追いつかぬ
餅は主食品なのか—それにデハイドロ酢酸は保存剤で毒じゃないのに……
ここは餅業者で力を合わせ乗り切るしかない

昭和39年（1964）
新潟の餅業者が
団結し組合を結成
もっと
餅を研究し
原料の確保や
資金の調達など
協力しあおう
会長は佐藤さんに
お願いしたい
保存剤を
使わないで
すむには
どうしたら
いい？
ビニール包装し
熱湯殺菌
すれば
いいで
しょう
新潟県食品
研究所
これは
いい！
しかし形がハムのようで
固くなると切りにくく
評判が悪かった
かたい
カビには
勝ったが
形に
負けた
…

やはり餅は餅の形でないといけない
板状にして餅を入れながら空気を押し出し加熱処理すればどうだろう?
こうしてつくった板餅がヒット
寿
サクラコトブキ印
サトウの
越後
もち
2度の加熱で味が落ちてしまうこれは本当の越後餅のおいしさではない
しかし殺菌しないと餅は水分が多いからカビが発生する
カビの元を断つにはどうしたらいいのだ!?

真空がベストだ
昭和45年（1970）真空包装機が開発されレトルト食品が出始めた
これはいい
真空包装機を使いレトルト式の板餅を製造夏場3カ月保存したところカビは発生しなかった
もち
やったぞ！
だが2度加熱と味の課題は残る…
昭和47年（1972）板餅と小分けした「三連餅」を発売大ヒットとなった
サトウの
切り餅
サクラコトブキ印
加熱殺菌

大手メーカーが参入してくればウチなどひとたまりもない宣伝で「サトウ」の名を広める必要があります
こんなに売れているのにCMがいるのか？
CMの力はあなどれません
佐藤功専務の読みは当たり、西川峰子のCMは大好評で「サトウ」の名は全国に知れわたった
モチモチ
モッチモチー
昭和54年（1979）脱酸素剤が開発された
これでカビ対策が前進する
これなら加熱も1度ですむ
味も保たれ生餅も可能になるぞ

昭和58年（1983）無菌の自動化工場が完成
これでレトルト餅から生餅へ移行できる
生切り餅は保存性を高めるため一個一個包装する"シングルパック"を考案
サトウの切り餅
400g
昔から餅は関東以北は切り餅、関西方面は丸い餅が好まれているので、両タイプの餅がつくられている
サトウのまる餅
切り餅のねばりは佐藤勘作さんの根性そのものなのね

ダスキン

〝ぞうきんをレンタルする〟ことを定着させた「ダスキン」が誕生したのは、東京オリンピックが開催された昭和39年。拭くだけで細かいホコリまでとれる化学のぞうきん「ダスキン」は、当時、障子にはたきを掛け、廊下や畳をぞうきん掛けしていた主婦たちのあいだに、一気に広まっていった。日本の家庭に〝そうじ革命〟を巻き起こした「ダスキン」誕生に秘められた意外な歴史と創業に込められた願いとは何か？

ほら
ダスキンで
拭くと
きれいに
なる
でしょ
どうして
ダスキン
だと
きれいに
なるんです？
DUSKIN
昭和13年（1938）大阪
ろう問屋に勤めていた26歳の
鈴木清一（すずきせいいち）は
幼い頃からの病が再発し、
人生に挫折していた
ふう

懺悔の生活
西田天香
そんなとき西田天香の本に出会い、心を打たれた
これだ！
京都――一燈園
一燈園は西田天香が創立した修養団体で鈴木清一もここに入った
私も修行させてください
1カ月後――
奉仕の修行はどこででもできます「家」に帰り仕事に生かしなさい
世の中の役に立つことをしなさい
はい

世の中の役に立つ仕事か…商いなら客の立場に立ったサービスができる
川原
ここでがんばろう
戦争が始まると輸入のろうも品不足になった
WAX
WAX
代用ろうをつくろう
一燈園の修行のとき寺の廊下をみがいたぞ
昭和19年（1944）清一は新しいワックスを開発し、「ケントク」というワックス会社を設立した
ビキーナ
URワックス
UR
終戦——

昭和36年（1961）
渡米した清一はダストコントロールの技術と、ジョンソン社との提携の話を聞くことになる
ダストコントロール？
ダストコントロールというのはホコリを油に吸着させる方法アメリカでは1921年にダストクロスも開発されているホコリを防ぐ技術も確立し、清掃会社がフランチャイズ方式で事業を成功させていた
これは日本でもできそうだ
ありがとうございますエバンス博士帰国したら研究してみます

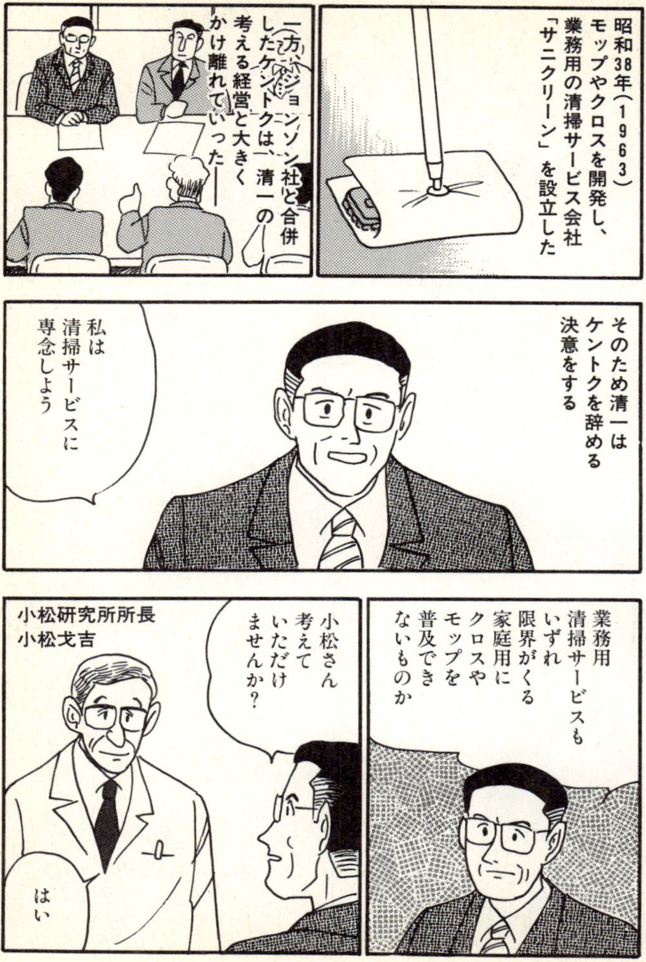
昭和38年（1963）
モップやクロスを開発し、
業務用の清掃サービス会社
「サニクリーン」を設立した
一方、ジョンソン社と合併
したケントクは、清一の
考える経営と大きく
かけ離れていった――
そのため清一は
ケントクを辞める
決意をする
私は
清掃サービスに
専念しよう
業務用
清掃サービスも
いずれ
限界がくる
家庭用に
クロスや
モップを
普及でき
ないものか
小松さん
考えて
いただけ
ませんか？
小松研究所所長
小松戈吉
はい

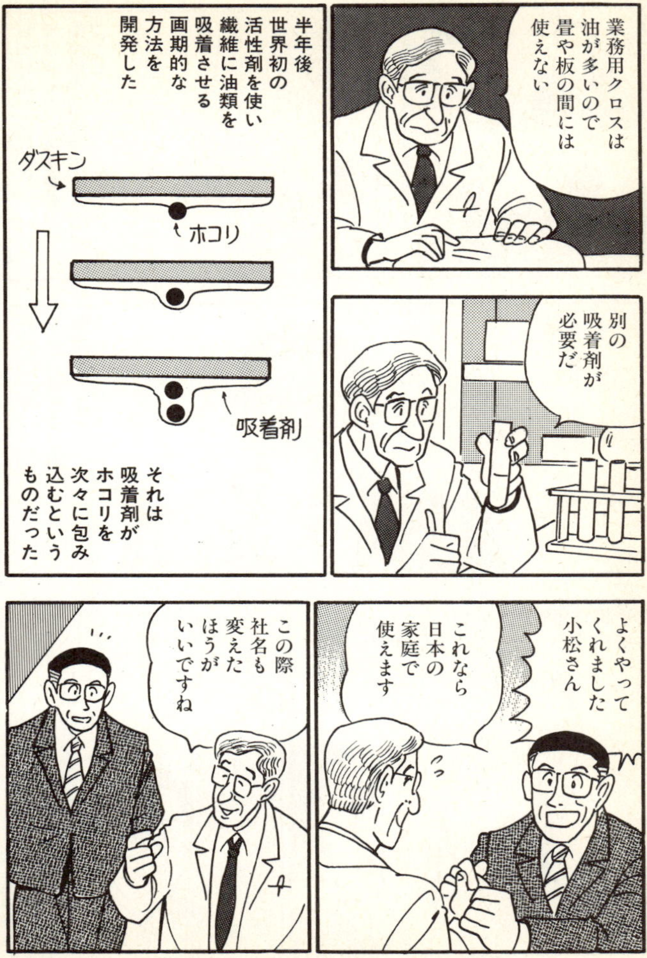

業務用クロスは油が多いので畳や板の間には使えない
別の吸着剤が必要だ
半年後 世界初の活性剤を使い繊維に油類を吸着させる画期的な方法を開発した
ダスキン
ホコリ
吸着剤
それは吸着剤がホコリを次々に包み込むというものだった
よくやってくれました小松さん
これなら日本の家庭で使えます
この際社名も変えたほうがいいですね

株式会社「ぞうきん」というのはどうですか？
そのまんまですね
というわけでソフトでやさしい名前はないでしょうか？
英語でぞうきんのことをダストクロスとかダステックスといいます
ダストとぞうきんの「きん」を合わせて「ダスキン」というのはどうでしょう？
いいね
昭和39年（1964）「ダスキン」誕生
dUSkin
クスリのついたぞうきん
ダスキン
事業方式はエバンス博士から学んだフランチャイズにします
なぜならこれは信頼で成り立つ方式で、お互いを豊かに育てるものだからです

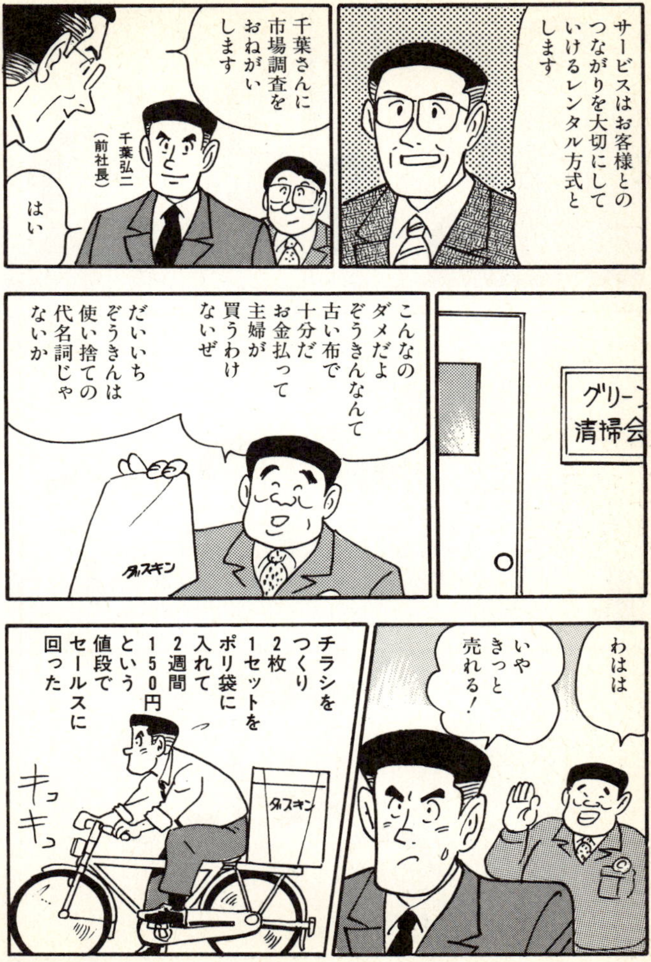
サービスはお客様とのつながりを大切にしていけるレンタル方式とします
千葉さんに市場調査をおねがいします
千葉弘二（前社長）
はい
グリー
清掃会
こんなのダメだよぞうきんなんて古い布で十分だお金払って主婦が買うわけないぜ
だいいちぞうきんは使い捨ての代名詞じゃないか
ダスキン
わはは
いやきっと売れる！
チラシをつくり2枚1セットをポリ袋に入れて2週間150円という値段でセールスに回った
ダスキン
キコキコ

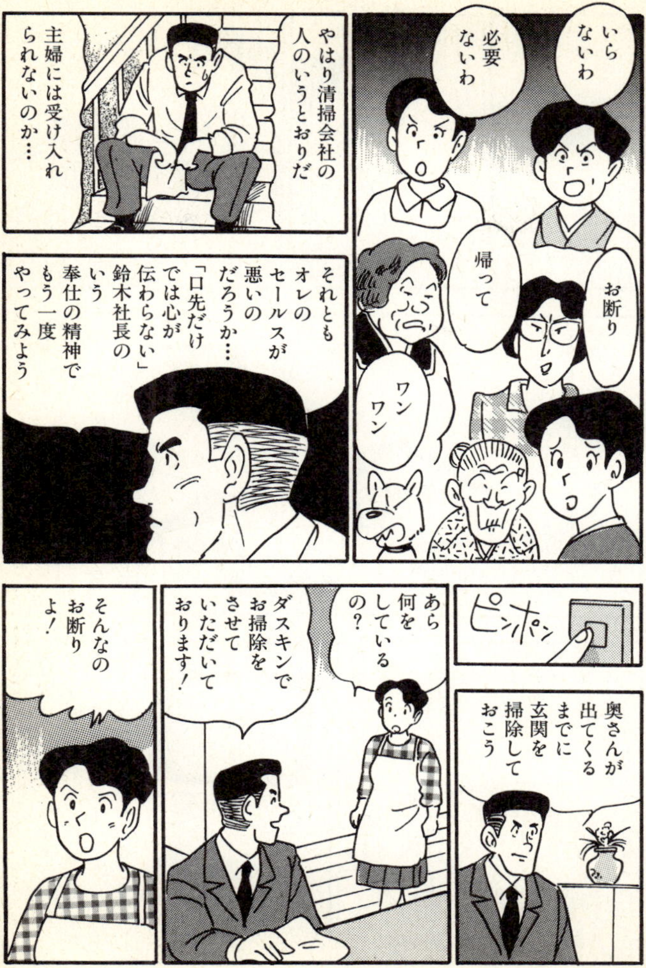
いらないわ
必要ないわ
お断り
帰って
ワンワン
やはり清掃会社の人のいうとおりだ
主婦には受け入れられないのか…
それともオレのセールスが悪いのだろうか…
「口先だけでは心が伝わらない」鈴木社長のいう
奉仕の精神でもう一度やってみよう
ピンポン
奥さんが出てくるまでに玄関を掃除しておこう
あら何をしているの？
ダスキンでお掃除をさせていただいております！
そんなのお断りよ！

ありがとうございました
!?
まあこんなにきれいに
ちょっと待ってくださいな
ダスキン
こうして奉仕の精神で顧客は着実に増え、1カ月で200件に達した
貸しぞうきんをクリーニングできる大型工場も完成し、ダスキンは全国へ展開していった
ダスキン
ダスキン
ダスキン
昭和40年(1965)新聞やテレビで「化学ぞうきん」として紹介されると、一気に需要が増し、広告の効果で次々とチェーン店が広がった
ダスキン
家庭へ貸しぞうきん
リネンサプライのニューフェイス
ダスキン
全国にチェーン店
昔は砂ボコリが多かったためクロスの色は黄色だったけれど今はワタボコリが多いので濃紫色になっているのよ
はっ
いつまであたしにそうじさせるんです!

第二章

味へのこだわりが逸品を生む

キユーピーマヨネーズ

地中海・メノルカ島にあるマオンの町の人が使っていた調味料を、フランス人がヨーロッパに持ち帰り、地名にちなみ「マオンネーズ」と呼んだ。これがマヨネーズの語源である。日本にマヨネーズが登場したのは大正14年。キユーピーの創業者・中島董一郎がアメリカで覚えた味にひと工夫加え、日本オリジナルの商品をつくり出した。安心で、おいしいマヨネーズにこだわる、キユーピーマヨネーズ誕生の歴史とは？

マヨネーズは何にでも合うしおいしいな
マヨネーズはつくってから1カ月くらいが味も安定しておいしくなるのよ
Food for ages 0-100
キユーピーマヨネーズ
500g
JAS
キユーピーマヨネーズ
明治38年（1905）水産講習所（現・東京水産大学）の学生・中島董一郎（なかしまとういちろう）は、日光のホテルで英語の勉強を兼ねてアルバイトをしていた

中島クン 客の注文にも 逆らわず よく 働いて くれたね 感謝 して います
どうです 月給60円で これからも 働いて くれま せんか？
ありがとう ございます
「目の前の損得にとらわれず まじめに努力すれば世の中で 必ず認めてもらえる」という 信念を持った
しかし 私は ホテル 勤めは 合いません せっかく ですが 辞退 いたします
残念だな
明治41年（1908）電鉄会社に技師として入社
1年後、退社し 小さな缶詰食品問屋に 入社した
ここなら 努力 すれば 何かが 得られる かもしれ ない
若
若菜商店

おい
中島
ウチは人手が
足りないんだ
すぐ北海道へ
行ってくれ
え!?
つぎは
カムチャッカで
紅ザケの
缶詰をつくれ
え!?
東京――
やっと
戻れたな
商店
中島
外国人が
訪ねてきて
いるぞ

おおっ電鉄のミスターギル
久しぶりだね董一郎
これからは日本国内だけでなく欧米相手に仕事をする時代だ
私といっしょにイギリスで仕事をしよう
当時、海外で勉強するためには農商務省の海外事業練習生という試験に合格するのが早道だった
よしやるぞ
大正元年（1912）イギリスへ出発
Dining Hall
これはウマイ何だろう？

ママレードです
へー帰国したらつくってみよう
ロンドン滞在中下宿の女主人からつくり方を教わった
ロンドンで缶詰の調査などをしていたが、第一次大戦が激しくなってきた
これでは何もできなくなるアメリカへ行こう
大正4年(1915)アメリカ
RESTAURANT

アメリカ人はマヨネーズをかけてよく食べている
ゆでたジャガイモと卵や玉ネギにマヨネーズを和えてもいけるぞ
アメリカ人が大きいのはこんな栄養のあるものを食べているからだ
植物油と卵と酢でできたマヨネーズは栄養のあるソースだ日本でつくってみよう！
大正5年（1916）帰国――
若い女性も地味な着物姿だ洋風化はまだまだだ

大正7年（1918）「中島商店」を設立
翌年、食品製造業の「食品工業」を設立
食品工
マヨネーズをつくる時機を待とう
大正12年（1923）関東大震災
復興は急速に進み東京の街は一気に洋風化していった
女性が洋服を着るようになったぞ
今だ！
大正14年（1925）初めての国産マヨネーズの製造販売を開始
KEWPIE BRAND
Mayonnaise Sauce

董一郎は大正8年(1919)に「キユーピー」を商標登録していた
これは当時人気のあった人形からつけたものだった
董一郎のつくったマヨネーズは当時アメリカでつくられていたマヨネーズの2倍の量の卵黄を使った黄味タイプのコクのあるものだった
同時期にママレードも「アヲハタ印」で発売した
高いわね
それに何なのコレ?
瓶入り128g
約50銭
(大正14年)
ハガキが1銭5厘だから高く感じるのか
味と名を知ってもらうには宣伝だ
デパートなどで試食会を行なった
これはポマードかい?
広告を出してもっと知ってもらおう
売り上げと同額を広告費にかける

こうした努力が実を結んでマヨネーズは知れわたり事業も順調になった
食品工
太平洋戦争
卵や油が不足だ
質の悪いマヨネーズをつくればキユーピーの名にキズがつく…製造は中止だ
戦火で工場も焼失従業員もほとんど去った
終戦――
昭和23年(1948)
卵も油も手に入るようになったよし製造再開だ

栄養のあるマヨネーズは
どんどん売れたが
他企業も参入してきた
値下げ
する
合理化と機械化で
コストを下げれば
できる
何度も値下げ
するぞ
価格でも品質でも
太刀打ちできない
こうして
ほとんどの
後発企業は
敗退して
いった
昭和32年（1957）「食品工業」から「キユーピー株式会社」に改称
翌年
ポリエチレン
ボトル容器を
開発
現在では
酸化を防止する
多層構造
マヨネーズの
主成分の
サラダ油には
コレステロールを
下げる
役目も
あるんだって

●カゴメの●「トマトケチャップ」

中国から渡来したといわれるトマトは、日本では江戸時代の儒学者・貝原益軒の著書『大和本草』(1708年)に「唐柿」の名で初めて登場する。元は観賞用とされていたトマトが食用とされるのは、明治以降である。今日、食卓に欠かせないトマトケチャップが誕生したのは、明治41年。カゴメの創業者が、日本の農家にとってはまだ未知の分野であった西洋野菜を栽培するところから始まる。

トマトに含まれるリコピンは生活習慣病予防などに効果があるというから
たっぷりかけて食べよう
KAGOME
カゴメ
トマトケチャップ
完熟トマト8個使用
明治半ば――
19歳の蟹江一太郎（かにえいちたろう）は軍隊にいた
蟹江
除隊したらどうする？

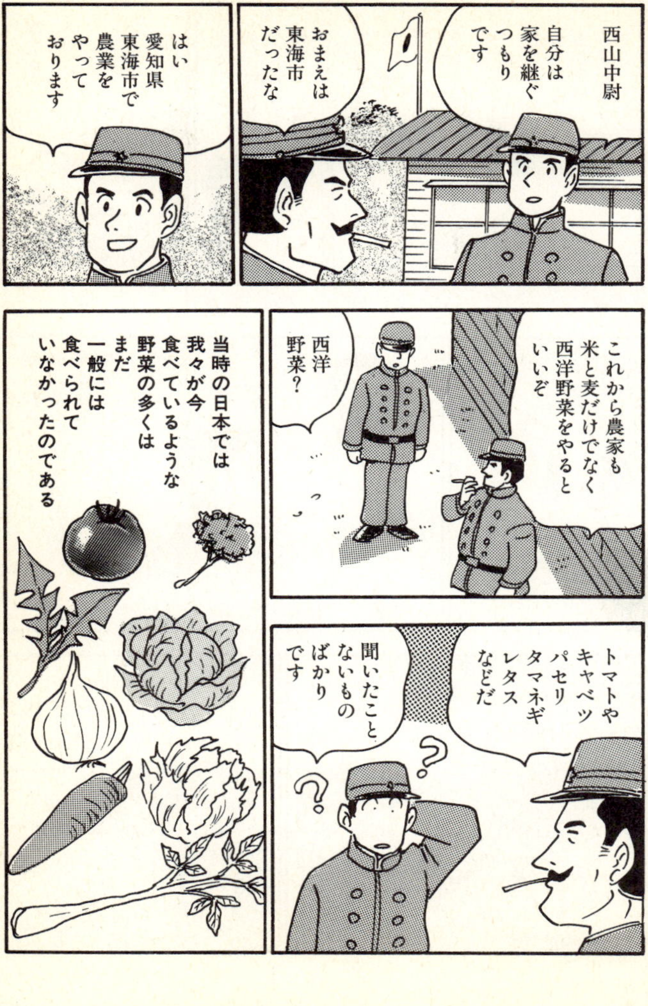
西山中尉
自分は家を継ぐつもりです
おまえは東海市だったな
はい 愛知県東海市で農業をやっております
これから農家も米と麦だけでなく西洋野菜をやるといいぞ
西洋野菜?
トマトやキャベツパセリタマネギレタスなどだ
聞いたことないものばかりです
当時の日本では我々が今食べているような野菜の多くはまだ一般には食べられていなかったのである

東海市
義父さん 西洋野菜を つくろうと 思っている のですが
うむ 養蚕も すたれ 出したから 何か新しい ものをやる 必要があるな
明治32年（1899） 知人を介し名古屋の 農業試験場の 佐藤杉右衛門を訪ね トマトなどの種子を譲り うけた
これが トマトか においが 強いな
とにかく 売って みよう

においが強いわ
気持ち悪いわ
外国人なら食べてくれるはずだ
ホテルやレストランに行ってみるか
いいキャベツだね
トマトはにおいが強くて生では出ないんだ
トマト以外をもらおう
よりによってトマトが豊作になってしまったよ
捨てるしかないな
つくるのもやめようか

もう1度農業試験場へ行ってきます
トマトの食べ方ですか？
トマトは連作をさけ支柱を立てて脇芽を摘むなどの手入れが必要だがよくできてるね
柘植権六技師（つげごんろく）
アメリカでは、生では食べないんだ
加工してトマトソースなどにして使うんだ
トマトのソース……
料理長トマトソースというのを見せてもらえませんか？
NAGOYA HOTEL

これだよ
へー 味はトマトそのものだ
トマトを煮くずしたものだ
塩も入っていない
ペーストしたものだ
ありがとうございました
とにかくつくってみよう
妙だな赤くならない
黒っぽいぞ

鉄ナベの鉄で酸化するんだ
ホーローで煮たらどうだ？
やった
明治36年（1903）ビール瓶に詰めた「トマトソース」を発売
トマトソース
トマトソース
トマトソースといっても現在のトマトピューレーだった
当時は両者の区別は特になかった
これはうまいな外国のよりいいね
ウチで使おう
勝利亭
知り合いの問屋にあつかってもらったらどうだい？

明治39年（1906）
自宅裏に工場をつくり
本格的に操業を始めた
弱ったぞ
売れすぎて
トマトが
不足して
きた
蟹江さん
つくった分だけ
ひきとって
もらえるなら
ウチでも
つくりたいが
どうかな？
本当かい！
これが現在の契約栽培の
元になったという
今は栽培面積を決めて、
収穫分を買いとる方式
これに味をつけ
日本独自のソースに
しよう
明治41年（1908）トマトピューレーに
香料や調味料を入れた
「トマトケチャップ」と
「ウスターソース」を発売
三星印
TOMATO
KETCHUP

西洋化の波に乗り「ウスターソース」は売れたが「トマトケチャップ」は不振だった
大正に入ると義父が死去さらに不況が襲ってきた
不況のときこそ力を合わせ乗り切る必要がある加工業者で合併しよう
大正3年（1914）「愛知トマトソース製造合資会社」を設立
第一次大戦が勃発すると輸入品が不足して国産品が注目され出した
やっと売れ出したここはブランド名をつけて大いに売り出そう

西山中尉に敬意を表し、陸軍の徽章である星印にしたら、軍にとがめられた
しかたない三つ星をひとつにして
にしよう
まるで籠の目のようですね
それだ「カゴメ」だ
大正7年(1918)新種の「愛知トマト」を開発
よし味もよりよくなった
昭和になると食生活もしだいに洋風化し始めた

トマトケチャップの利用法を宣伝してもっと使ってもらおう
戦後になるとトマトケチャップは一気に広まった
昭和24年頃のケチャップ瓶
KAGOMEKETCHUP
カゴメケチャップ
AICHTOMATO CO.LTD.
昭和41年（1966）世界初のチューブ式ケチャップ登場
KAGOME
昭和58年に現在のマークができた
カゴメのトマトは酸味がありリコピンなど栄養素も豊富なのです皮が固く赤いのが特徴です
生食用は色がうすいんだね
カゴメトマト
桃太郎

●キッコーマンの●

「しょうゆ」

長寿テレビ番組『くいしん坊！ 万才』を提供しているキッコーマンが、「しょうゆ」づくりを始めたのは江戸時代初期のこと。その後、料理の味つけや食卓には欠かせない調味料として不動の地位を獲得する。それが世界に広がったのは、1970年代にアメリカで起こったテリヤキブームがきっかけだった。今や世界100カ国以上で販売されるまでに至った、日本を代表する調味料の開発史を辿ってみよう。

このしょうゆいい味だね
キッコーマンの「深紫」です
深いうま味とコクがあるね
丸大豆 再仕込み しょうゆ
深紫
アジアでは大昔から「醤（ひしお）」という魚介や動物の内臓や穀物などを塩漬けして熟成させたものがつくられていた
これらは「魚醤」「穀醤」となり日本へは仏教とともに伝わった
日本では菜食主体のため「穀醤」が広まった

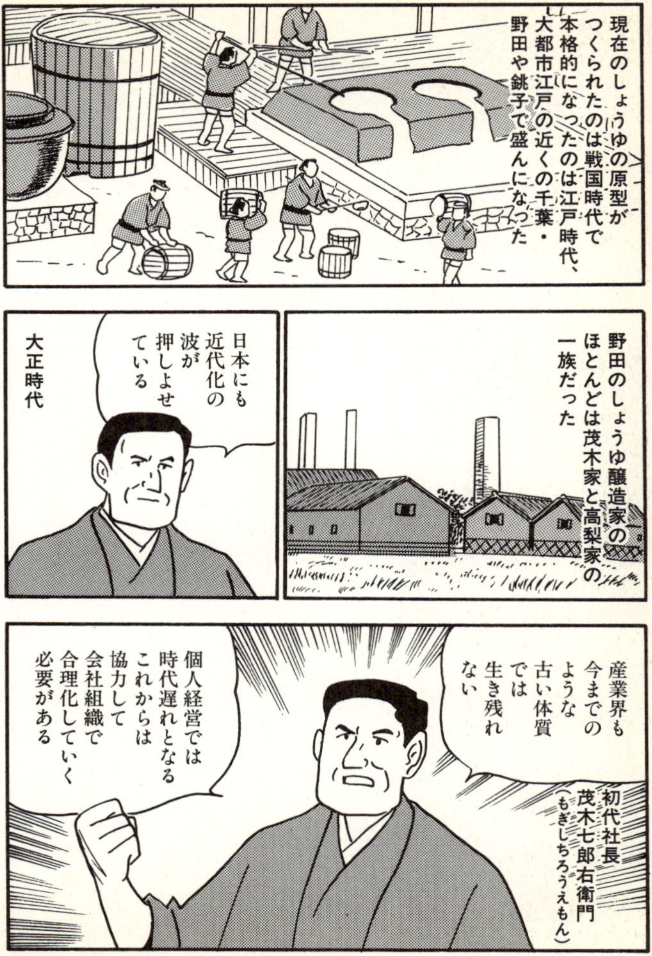
現在のしょうゆの原型がつくられたのは戦国時代で本格的になったのは江戸時代、大都市江戸の近くの千葉・野田や銚子で盛んになった
野田のしょうゆ醸造家のほとんどは茂木家と高梨家の一族だった
日本にも近代化の波が押しよせている
大正時代
産業界も今までのような古い体質では生き残れない
個人経営では時代遅れとなるこれからは協力して会社組織で合理化していく必要がある
初代社長
茂木七郎右衛門(もぎしちろうえもん)

一族で力を合わせていこう
野田醤油株式会社とする
シンボルマークは古くから人気のあるしょうゆのブランド「亀甲萬」を使う
亀は万年生きるという人々に長く親しんでもらえるしょうゆにしたい
会社組織となり、経営も合理化され「キッコーマン」のしょうゆは全国的に販売され出した
キッコーマン
キッコーマン
太平洋戦争

野田は運よく戦火をまぬがれたが戦後、原料の大豆や小麦が不足してきた
大豆や小麦の配給権はGHQが握っている
食料品はムダなく合理的につくること
特にしょうゆは製造に時間がかかり、ムダが多いようだ
今後は化学的処理をして生産するよう
多くのしょうゆ業者はGHQの指導で、化学処理によるアミノ酸しょうゆを生産し始めた

本醸造しょうゆのつくり方

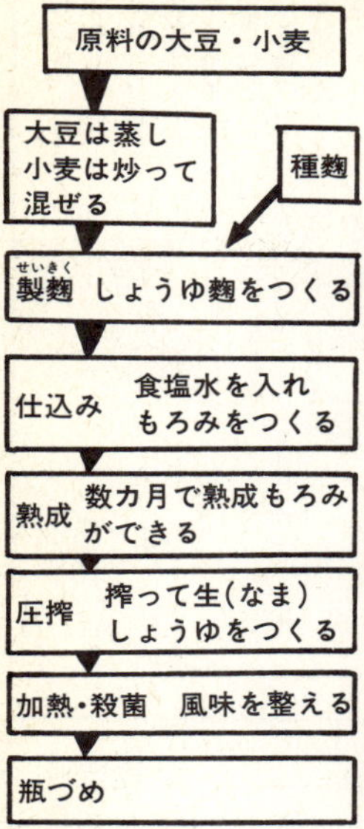
原料の大豆・小麦
大豆は蒸し
小麦は炒って
混ぜる
種麴
製麴《せいきく》　しょうゆ麴をつくる
仕込み　食塩水を入れ
もろみをつくる
熟成　数カ月で熟成もろみ
ができる
圧搾　搾って生(なま)
しょうゆをつくる
加熱・殺菌　風味を整える
瓶づめ

しょうゆもワインと同じく熟成させるものです
大豆と小麦と食塩水で微生物の助けをかりてじっくりつくらねばうまいしょうゆはできないのです

とはいっても原料不足の中では合理的な工夫も必要ではないのか?

たしかに新しいキッコーマン独自の技術を開発するチャンスでもある
やってみよう

昭和23年（1948）
大豆と小麦を
化学的に分解し
微生物で
発酵させる
「新式二号
しょうゆ
製造法」を
開発
日本のしょうゆ文化を守るため、新技術は全面公開する
昭和30年（1955）
原料事情が改善
「NK式たんぱく質原料処理方法」が
開発され、昔ながらの本醸造が
復活した
この技術も全面公開する

タラ
当時の各家庭ではしょうゆ瓶などから小さなしょうゆ差しに移しかえて使っていた
しょうゆがタレるの何とかならないかしら
!?
家庭の食卓で使えるしょうゆ瓶があってもいいのではないか？
それは食器屋さんが考えることではないのですか？

いや
しょうゆを
気持ちよく
使ってもらう
ことも
我々の役目だ
小さな
しょうゆ瓶
を考えよう
倒れず
タレず
テーブルの
上に
あっても
なじむ
デザインの
瓶が
欲しい
昭和36年（1961）
タレないしょうゆ卓上瓶登場
使いやすさと美しいデザインで大人気となった
つぎ口を斜めにカットして、タレ防止
キッコーマン
自然志向や健康志向が高まっている
塩分を半分にしたしょうゆをつくろう
昭和40年（1965）「減塩しょうゆ」発売
キッコーマン
減塩しょうゆ
この年から現在使われている透明樹脂容器「マンパック」が登場した

昭和41年（1966）関東で人気のある「こいくちしょうゆ」に対し、関西で人気の「うすくちしょうゆ」も登場
時代のニーズに合わせていく必要がある
1970年代、アメリカでテリヤキブームが起こり輸出も急増
TERIYAKI
テリヤキ
昭和50年（1975）キッコーマンが提供する『くいしん坊！万才』がスタートし、知名度が全国に広がっていった
くいしん坊! 万才
昭和55年（1980）社名も「キッコーマン」となる
消費者の口も肥えてきたしょうゆももっと高級なものが求められている
そうだ ウチでも古くから宮内庁用のしょうゆがある
これを一般用にしたらどうだろう？

「御用蔵醤油」は丸大豆をそのまま使うため、醸造に時間とコストがかかります
値段は高くともいいものは必ず売れる！
御用蔵
醤油
平成2年（1990）「特選丸大豆しょうゆ」発売
値段は少し高めだったが品質と味のよさで大評判となりキッコーマンの新しい時代を開拓する商品となった
キッコーマン
特選
丸大豆しょうゆ
平成9年（1997）丸大豆しょうゆ仕込みの際食塩水の代わりに丸大豆しょうゆを使う再仕込み製法の「深紫」発売
キッコーマン
特選
丸大豆
再仕込みしょうゆ
深紫
しょうゆの香りは温かいごはんの上にたらしてかぐとよくわかりますよ

エスビーカレー

レストランの定番メニューとして、家庭料理の王様として、子どもから大人まで人気が高いのがカレーライス。その素となるカレー粉は、何十種類もの香辛料を調合､焙煎､熟成させてつくられる。本場インドカレーとは異なる、日本オリジナルのカレーが誕生したのは大正12年。当時は、香辛料の名前も風味もわからず、香りだけが頼りだった。エスビー食品の創業者によるカレーとの格闘の日々を訪ねよう。

キャンプはカレーだね
このにおいがたまりません
S&B
カレー

カレーはインドが発祥の地
昔から各家庭でスパイスを混ぜ合わせて、独自のカレー料理をつくっている
18世紀
イギリスに伝わり
18世紀、C&B社によりカレー粉が製造され世界に広まっていった

日本には明治初めに伝わり、米とマッチしたために定着
C&B
CURRY POWDER
凮月堂
明治19年（1886）ライスカレーがレストランに登場した
大正9年（1920）、17歳の山崎峯次郎（やまざきみねじろう）は東京のソース店で働いていた
腹がへったな 西洋料理というのを食べてみよう
西洋
これがライスカレーというものか
いいにおいだ
カレ〜〜〜！
でもうまい！

どうやってつくるのですか?
イギリスのC&B社のカレー粉と小麦粉でつくるのさ
このカレー粉を日本でもつくれないものか
カレーに興味をもった峯次郎はカレーを食べまわった
C&B社のカレー粉に増量材を入れたものがほとんどだ本物のカレー粉をつくろう
これからは洋食の時代です父さんカレーの研究をやらせてください
む
ソース店を辞め父親の店を手伝いながらカレー粉の研究に夢中となった

バシャ
おっと
あっ すみません
乾くまで家で休んでいってください
あんたは何をやってなさる?
奥座氏
はあ カレー粉を少々…
カレー?
日本でもカレー粉ができるようになりましたか
私は長くインドにいたのでなつかしいですな
いえ じつはまだ研究中で……
奥座さん ぜひ教えてください

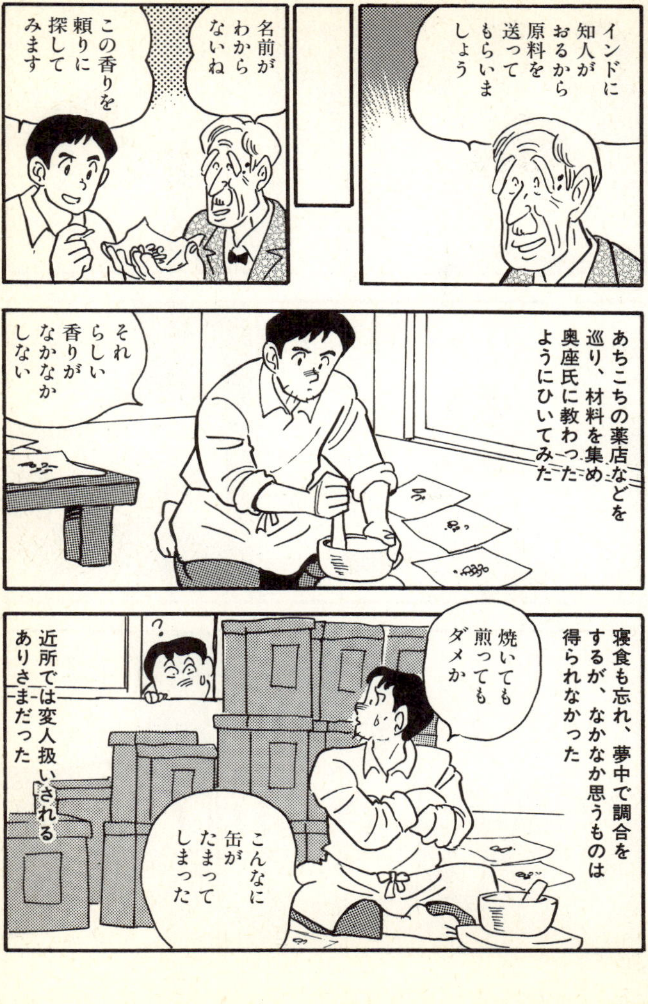
インドに知人がおるから原料を送ってもらいましょう
名前がわからないね
この香りを頼りに探してみます
あちこちの薬店などを巡り、材料を集め奥座氏に教わったようにひいてみた
それらしい香りがなかなかしない
寝食も忘れ、夢中で調合をするが、なかなか思うものは得られなかった
焼いても煎ってもダメか
?
こんなに缶がたまってしまった
近所では変人扱いされるありさまだった

ん？
クンクン
何だこのにおいは？
おおっひと缶だけカレーのにおいがする！
やっぱり変…
そうかねかしておくのか！
再調合してみたがにおいは弱いな色もカレー色じゃない
もっと煎る必要があるのか
そうすると香りがとんでしまう
こうして香りを逃さず焙煎できる二重構造の八角焙煎機を開発
やったカレーの色と香りだ成功だ！

大正12年（1923）浅草に「日賀志屋」を創業
日賀志屋
ずる
しかし日賀志屋のカレー粉は売れなかった
カレー粉はC&Bに限る
C&B
国産のカレー粉なんて
ブランドで負けている 味では負けていないから宣伝が必要だ
先生どうでしょう？
これは本格的な味だね
推薦状を書いてあげよう
これをラベルに貼って味の保証にします
アイデアと行動力で日賀志屋のカレー粉は売れ始めた

昭和5年(1930)社運が日が昇る勢いであるように、また鳥が自由に大空をかけめぐるように自社製品が津々浦々まで行き渡る願いを込め「ヒドリ印」として家庭用ビン入りカレー粉を発売
CURRIE POWDER
TRADE
MARK
S&B
日はSUN
鳥はBIRDだ
「S&B」にしよう
本家C&Bに対抗だ!
ひどり
S&B
戦時中も役所を説得し原料集めに奔走
カレーはみそやしょうゆと同じくらい大切なものだ
スパイスを国産化して日本のカレー産業を守りたい

その甲斐があり
戦地や疎開先で
カレー粉は重宝された
カレー味になじんだため
戦後、全国へ広がる
基盤ができていた
昭和24年（1949）
社名も「ヱスビー食品」
となり、翌年「赤缶カレー粉」が
登場
ラジオCMの効果もあり
全国の家庭に広まった
TRADE MARK
S&B
Spicy Curry Powder
特製ヱスビーカレー
PREPARED BY
S&B SHOKUHIN CO. LTD
当時は小麦粉をバターなどで
炒め、カレー粉を加えて
ルウをつくっていた
この頃になると、各社から
固形の即席カレーが登場
カレーは戦国時代に突入
わが社でも
固形カレーを
つくりま
しょう
いや
小麦粉の
質がよくなる
まで
売り出さない
一度工場で生産し始めていたのを、小麦粉がすっぱい（＝古い）ので、工場に命じ、生産を中止させた。翌年も古くて発売に至らず、3年目にして発売

昭和29年（1954）満を持して、「ヱスビー固形即席カレー」を発売
S&B
エスビーカレー
エスビー食品株式会社
エスビーカレー
S&B
キッチンカーで正しいカレー料理の実演をするなどして、全国に宣伝普及を展開
昭和34年（1959）「即席モナカカレー」発売
大ヒットとなる
S&B
即席
味付
モナカカレー
モナカがとろ味をつけるのよ
昭和39年（1964）「ベストカレー」発売
S&B
ベスト33スパイス
エスビーカレー
インド風
インド人もビックリ
インド人もびっくり！
このCMで「ベストカレー」は大人気となり、昭和41年（1966）「ゴールデンカレー」が登場
本格的高級即席カレー市場が開拓された
S&B
GOLDEN
CURRY
ゴールデンカレー
エスビーは味に深くこだわっているんだね

ロッテガム

現在、発売中の「ロッテガム」は30種類を超える。お馴染みの「グリーンガム」「クールミント」から「ブルーベリー」や「スウィーティ」等の味を生かしたフルーツ系ガム、眠気防止の「ブラックブラック」のように機能性をもったガムなど、タイプも幅広い。チューインガム（Chewing Gum）とは「楽しみながら噛むお菓子」という意味。戦後から一貫して噛み心地にこだわり続けた、「ロッテガム」誕生と開発の歴史とは？

キシリトールは虫歯予防に効果があるんだって
LOTTE
XYLITOL
LIME MINT
虫歯予防ガム「キシリトール」
1700年前中央アメリカの住民マヤ族らはサポディラの木から樹液をとり煮つめてゴムのようなかたまり「チクル」をつくっていた
この「チクル」を噛んでだ液を出し、のどの渇きをいやしていたというこの伝統はアメリカインディアンに伝わった

1869年アメリカ人のアダムスは「チクル」からゴムをつくり商売をしようとしたが失敗
Chewing Gum
しかしこれに甘味料を加えてチューイング・ゴムすなわちチューイングガムを売ったところ大ヒットとなった
1880年にはリグレーもチューイングガムを発売
日本には大正7年(1918)に輸入されたが食習慣の違いや時代感覚に合わず、まったく売れなかった
歩きながら食べるなんて行儀が悪い
戦後――
昭和20年(1945)――東京
23歳の重光武雄(しげみつたけお)はひかり特殊化学研究所を設立し、化粧品や石鹸をつくっていた

同業者もふえたしこのままでは先が不安だ……
ん？
ギブミー
チョコ
ガム
何だこれ？
チューインガムだ

これが
アメリカの
チューインガムか
うまい
そうだ
これを
つくろう!
昭和22年(1947)酢酸ビニルに甘味料を加え、ナベで煮てガムをつくり出した
すべて手作業で包装も簡易なものだったが、人びとが甘いものに飢えていたため、大いに売れた
よし
これは
いける!
会社組織にして
本格的に
売り出そう
社名も
考えねば

少年の頃夢中で読んだゲーテの『若きウェルテルの悩み』のヒロイン・シャルロッテにちなみ「ロッテ」と名づけよう
昭和23年（1948）「ロッテ」設立
当時、同じような小さな菓子メーカーが乱立していた
同じではダメだ包装工場を新設し規模を拡大しよう
チューインガムは菓子じゃないから流通ルートには乗せられない原材料も統制品だ

組合をつくり
原材料の
統制緩和を
訴える
運動を
しよう
昭和25年（1950）
統制は緩和されたが
今度は不況を迎えた
不況のときこそ
実力の差が出る
新しいガムを出す
風船
ガムだ
LOTTES
BUBBLE GUM
ロッテ
フーセンガム
ガムを知ってもらうには
宣伝が必要だ
宣伝カーを全国に走らせ
ロッテの風船ガムを
広めた
ロッテの
カウボーイガム
だよ
こうして
子どもたちの
人気を集め
「風船ガムの
ロッテ」と
いわれる
ようになった

子どもたちに人気はあるが大人にも広めたい
しかし板ガムの巨人ハリスが圧倒的なシェアをもっているからな
同じ土俵では勝負にならない
今、ガムは合成樹脂が主原料だ
噛み心地のふくよかな天然チクルを使おう!
天然チクルは輸入量が制限されており手に入りません
何とかならないか……
社長!

ガム用以外に使用する天然樹脂の輸入枠を分けてくれる商社がありました
よし!
昭和29年(1954)1月日本初の天然チクル配合の板ガム「バーブミントガム」発売
10円
LOTTE'S BARBMINT CHEWING GUM
20円
LOTTE'S SPEARMINT CHEWING GUM
さらに10月にはスペアミントの清涼感を生かした「スペアミントガム」を発売
天然樹脂を食品に使うのはもってのほかだ それに外貨を使うのもいかがなものか
それにこれからは化学の時代ですぞ
私はガム本来の噛み心地を追求します

ロッテはあくまで天然チクルにこだわります
LOTTES ORANGEGUM
Lotte's
ORANGE GUM
業界の考えとは異なり、ロッテは次々と新製品を発売

昭和31年（1956）南極観測船「宗谷」にロッテの特殊ガムが積まれることになった
このニュースはロッテの名を一躍広めた

昭和32年（1957）4月葉緑素クロロフィルを配合し細胞活性化、脱臭、殺菌作用と嗜好性を兼ねそなえた新タイプの「グリーンガム」発売
LOTTE'S GREEN-GUM
20円
大ヒットとなる

小売店を直接まわる販売組織をつくり宣伝と普及をしよう
1000万円当たる懸賞キャンペーンをやろう
ロッテはすごい……
テレビでも『ロッテ歌のアルバム』のスポンサーとなりロッテの名は全国に知れわたった
ロッテ 歌のアルバム
一週間のごぶさたでした♥
社長 天然チクルが自由化されます
ついにこの日が来たか ロッテのやってきたことは正しかったんだ
昭和35年(1960)

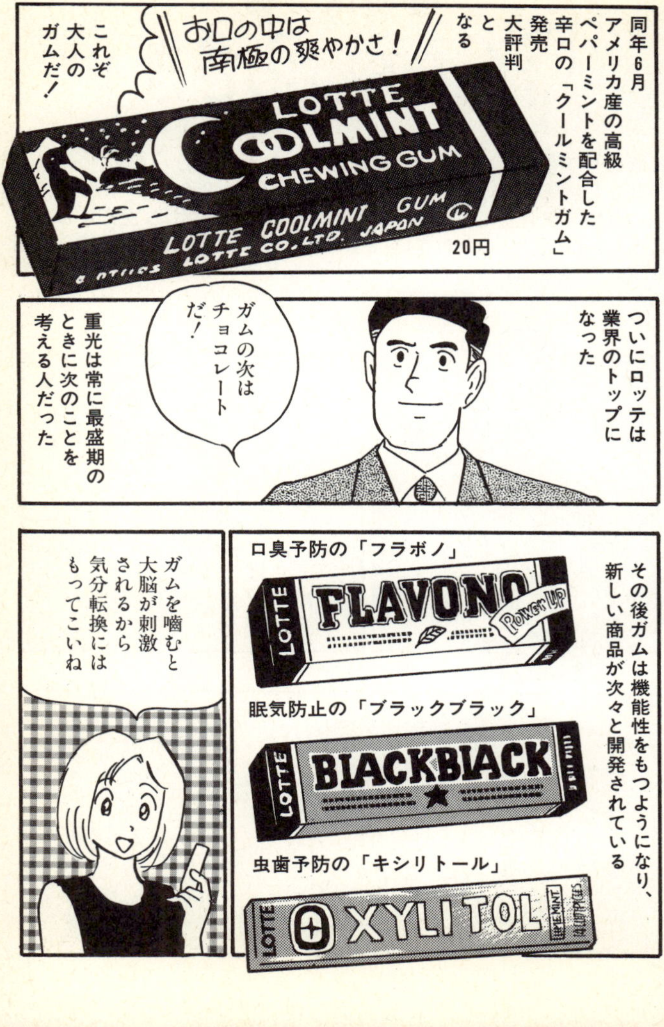

同年6月
アメリカ産の高級
ペパーミントを配合した
辛口の「クールミントガム」
発売
大評判
となる
お口の中は
南極の爽やかさ！
これぞ
大人の
ガムだ！
LOTTE
COOLMINT
CHEWING GUM
LOTTE COOLMINT GUM
LOTTE CO., LTD. JAPAN
20円
ついにロッテは
業界のトップに
なった
ガムの次は
チョコレート
だ！
重光は常に最盛期の
ときに次のことを
考える人だった
その後ガムは機能性をもつようになり、
新しい商品が次々と開発されている
口臭予防の「フラボノ」
LOTTE
FLAVONO
Power UP
眠気防止の「ブラックブラック」
LOTTE
BLACKBLACK
虫歯予防の「キシリトール」
LOTTE
XYLITOL
ガムを噛むと
大脳が刺激
されるから
気分転換には
もってこいね

●桃屋の●

「江戸むらさき」

三木のり平(故人)のアニメCM「何はなくとも江戸むらさき」で一世を風靡した桃屋の「江戸むらさき」が誕生したのは昭和25年。佃煮は、地域の産物を使い、その土地の業者が限られた地域だけで発売するものだったが、桃屋は「におわない、さびない」が特長の瓶詰めにして、全国ブランドの地位を固めた。さらに、「幼なじみ」「ごはんですよ」と製品のバリエーションを拡大していく桃屋の佃煮への〝こだわり〟とは？

open
江戸むらさき
あったかごはんに「江戸むらさき」
日本人はこれだね
大正初期――東京
中国留学から戻った小出孝男(こいでたかお)は銀座の食品商社に勤めていた

食料品の
知識を生かし
よりよい
食品を
つくりたい
TRADE MARK
MOMOYA
中国では
桃は吉兆のしるしだ
商品が当たるよう
矢を加え「桃屋」だ
大正9年（1920）
24歳のとき
瓶缶詰を
製造販売する
「桃屋商店」を
設立
桃屋商
らっきょうの瓶詰めや
野菜のみりん漬けなど
手づくりの製品をつくった
ところ大いに売れ
国内だけでなくアメリカや
中国でも人気となった
桃屋の花らっきょう
HANARAKKYO
よし
やって
いける

ところが関東大震災で大被害をうけた
瓶詰めがつくれなくなったがフルーツ缶詰がある
フルーツ缶詰が売れ出し足場が固まった
LOQUO
Peaches
昭和になると中国への輸出も増加事業は順調だった
しかし戦時色が濃くなると物資の統制が始まった
原料が不足して瓶詰めなど製造が難しくなった

昭和18年（1943）
企業合同の政令で
同業2社が合併させられ
「東興食品」と
いう食料品配給品
製造会社になった
だが
東京大空襲で
工場は焼失
戦後――
東興食品から分かれ
「桃屋食品工業」として独立
これからは
アメリカの
品物が
入って
くる……
値段も
かなわない
それにフルーツは
季節があって、
年間販売数量を
短期間で製造
するから
リスクが
大きい
ここは
年間を通して
つくれるものが
欲しい

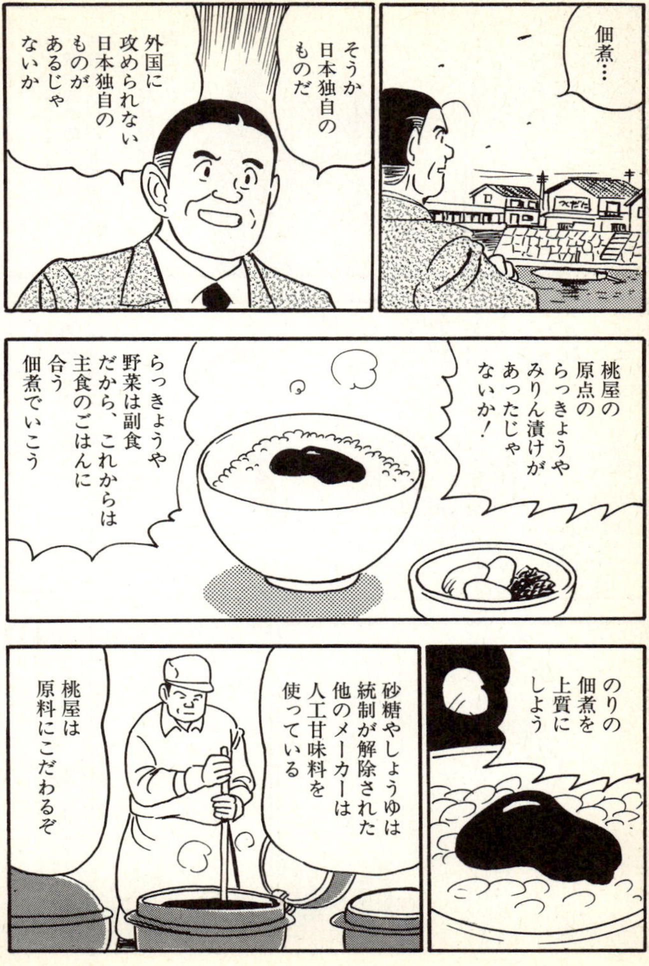
佃煮……
そうか日本独自のものだ
外国に攻められない日本独自のものがあるじゃないか
桃屋の原点のらっきょうやみりん漬けがあったじゃないか！
らっきょうや野菜は副食だから、これからは主食のごはんに合う佃煮でいこう
のりの佃煮を上質にしよう
砂糖やしょうゆは統制が解除された他のメーカーは人工甘味料を使っている
桃屋は原料にこだわるぞ

のりは三重県松阪からとりよせる
ゴミなどはていねいにとりのぞく
手間をかけじっくり煮込んだのりの佃煮ならきっと受け入れてもらえるはずだ
いい味だ
小出孝之氏入社
名前が必要ですね
中国ではのりのことを「紫菜（シーサイ）」と呼ぶ紫は高貴な色だ
MOMOYA
そういえば私が趣味でやっている小唄の本の表紙の色も「江戸むらさき」だ
商品名は「江戸むらさき」だ！

昭和25年（1950）
新スタイルののり佃煮
「江戸むらさき」発売
桃屋の海苔佃煮
江戸むらさき
ていねいなつくりと味のよさで大評判になったが、手作業のため注文に追いつかなかったため
機械化しなくては
私たちの腕が信用できないのですか？
第一 機械じゃいい商品はつくれません
機械化といっても原始的なものだったが反対を押しきり導入すると効率が大幅に上昇
これを機にオートメーション化が進んだ

大変です 台風で三重の のりが 全滅です！
なに!? 原料が不足すれば 価格が上がる
商品の値上げは さけたい 売り上げを 伸ばすしか ない
どう やって…
こういうときこそ 宣伝だ
いいものを 知ってもらう ためにも 必要だ 大いに 金を使い 「江戸むらさき」を 知ってもらおう
雑誌や 新聞を はじめ 宣伝カーで 全国 キャラバン を開始

昭和33年（1958）
テレビの普及にあわせ
当時としては斬新な
アニメCMを発表
なにはなくとも
江戸むらさき！
三木のり平のキャラクターが
受けて、桃屋の名は
全国に知れわたった
このアニメシリーズは
現在でも続いている
この王冠は
一度とると
なかなか
戻らない
ねじ
式に
できない
の？
瓶の口が
丸くならないので
難しいのです
消費者の
声に
応える
のが
メーカーだ
開発
しよう
真円の瓶がようやく
できるようになり
キャップもスクリュー式に
なった
MOMOYA
BRAND
現在は密封度の高い
ツイストキャップになっている

昭和38年（1963）世の中が豊かになってくるとよりおいしいものが求められかつおダシをきかせた「江戸むらさき特級」発売
特級
もっと甘くして子ども向けにできないか
これ以上甘いのはありません
世の中にないからこそ出そう日本で知られていなかった中国野菜の「メンマ」や「ザーサイ」も出したじゃないか
小出孝之新社長
こうして「幼なじみ」発売
ネーミングと甘味が受け大ヒットとなった
幼なじみ
続いて「ごはんですよ」「お父さんがんばって」など生のりを使用したり、塩分を控えた「江戸むらさき」シリーズが次々にヒット
お父さん
桃屋は昔からの味を守りつつ時代に合った味を出しているんだね

●ミツカンの●

「味ぽん」

酢は塩と並び、人類がつくった最古の調味料といわれ、日本には紀元前3世紀頃に中国から伝わったとされる。ミツカンは今から約190年前に、世界で初めて酒粕から醸造酢をつくることに成功。その後、「酢といえばミツカン」と呼ばれるまでになったが、さらに消費者のニーズを追求。その結果、昭和39年に鍋ものには欠かせない調味料「味ぽん」を開発する。画期的商品の隠し味とは？

ミツカン
味ぽん
鍋には「味ぽん」だね

江戸中期、現在の愛知県半田市で中野又左衛門(なかのまたざえもん)は酒造業を営んでいた
御上のお達しで酒造りの規制が徹廃され どこでも酒がつくれるようになった

規制に守られていた半田の酒もこれからは厳しくなる
おまけに酒粕も大量に出て処理に困っている――何とかせねば
となり町で酒粕からミリンをつくったと聞いた酒粕から他に何かできないだろうか？
万葉の昔から酢というものがある――大坂では酢づくりが盛んだというが米からつくるわけだから酒粕からでもつくれるかもしれぬ
酒粕から酢をつくるには粕のアルコール分を取り除き水と種酢を加え酢酸発酵させる
酒粕は3年くらい経たもののほうがいい味が出るという

試行錯誤の末
数年後ようやく完成した
これだ！
又左衛門の酢は地元で
大人気となった
酢は意外に需要があるな
だんなさま
江戸に酢を使った
寿司という食い物が
あるそうです
ほう
行ってみるか
江戸に寿司屋ができたのは
元禄の前（1687年頃）
これは熟(な)れ寿司で魚介だけを
食べるものだった
宝暦2年（1752）
飯と一緒に食べる
半熟れ寿司が登場
これが
寿司ですか
うまいですな

この酢は大坂の和泉酢だ
米酢は時間と手間がかかるため
どえりゃあ高くなる
うちの粕酢なら風味もあり早く安くできる
和泉酢に勝てる！
粕酢は酢飯にするとかすかに山吹色がつき風味もあるため、一躍人気となった
時代は下がり、1825年頃「早寿司」と呼ばれる現在の握り寿司が登場
安くて品質のよい粕酢の需要は大いに増した
2代目の中野又左衛門は本格的な酢造業を始め「酢屋勘次郎」と名乗り商標も「丸勘」とした
他の酢屋も「丸勘」を使い出して、「丸勘」は三河の酢屋の代名詞となっていった
丸勘印

4代目の中野又左衛門は易学に凝ったり、新しい事業を興したりした
ビールをつくるぞ
KABUTO
中野という文字は不安定だ左右対称の「中埜」にする
明治17年（1884）
商標登録が必要となりました
商標条例
丸勘でいこう
他の業者が先につけていました
なに!?
易学で考える
易
中埜家の家紋は㊂
三は縁起がいい
○は天下一円
丸勘をしのぐ「三勘」だ
「ミツカン」としよう
この「三」は酢の命
味・利き・香りを
表わしている

激動の時代を乗り越えてきたミツカン酢だったが戦後安価な合成酢が出まわると醸造酢は売れなくなっていった
今までのような方式ではコストがかかる合理化し新しい生産システムを導入してよりよい醸造酢を安くつくろう
米酢もつくる
7代目 中埜又左衛門
昭和20年代 酢は酒屋などで瓶から漏斗(じょうご)などでつぐ計り売りをしていた
ミツカン酢
昭和30年代 全国にスーパーマーケットが登場

問屋売りをしていた酢もこれからは個人向けになる
瓶詰めにしよう
ミツカン
ミツカン酢
スーパーでは消費者が自由にモノを選んでいるそれに応えるため新しい商品も必要だ
こうして酢のほかにすし酢、フルーツビネガー、ぽん酢などが商品化
フレッシュ
ミツカン
ぽん酢
ぽん酢の語源はヨーロッパの食前酒「パンチ」や「ポンチ」が戦国時代、日本に伝わりこれを酢の入った調味料にひっかけて「ポンス（ぽん酢）」と呼ぶようになったのがもとだという

関西では鍋物を食べるとき、柑橘類としょうゆで味つけする習慣があり「ぽん酢」は人気となった
ぽん酢
ぽん酢にもしょうゆを入れるからひとつになっていると便利や
ぽん酢
よし味つけぽん酢をつくろう
料亭の味を研究して本物の味にするんだ
昭和39年（1964）味つけぽん酢略して「味ぽん」登場
ミツカン
味ぽん

水たきの習慣のある関西では受けたが寄せ鍋の濃い味つけの関東ではさっぱり売れません
これは水たきを関東に広めることが必要だ
関東の市場などに鍋をもち込んで鍋料理のデモンストレーションやデパートやスーパーなどで水たきの試食会をくり返した
うまいね
ミツカン
味ぽん
セールスとCM効果で関東でも鍋料理に「味ぽん」を使う家庭が増えてきた
こんな手紙が来ています

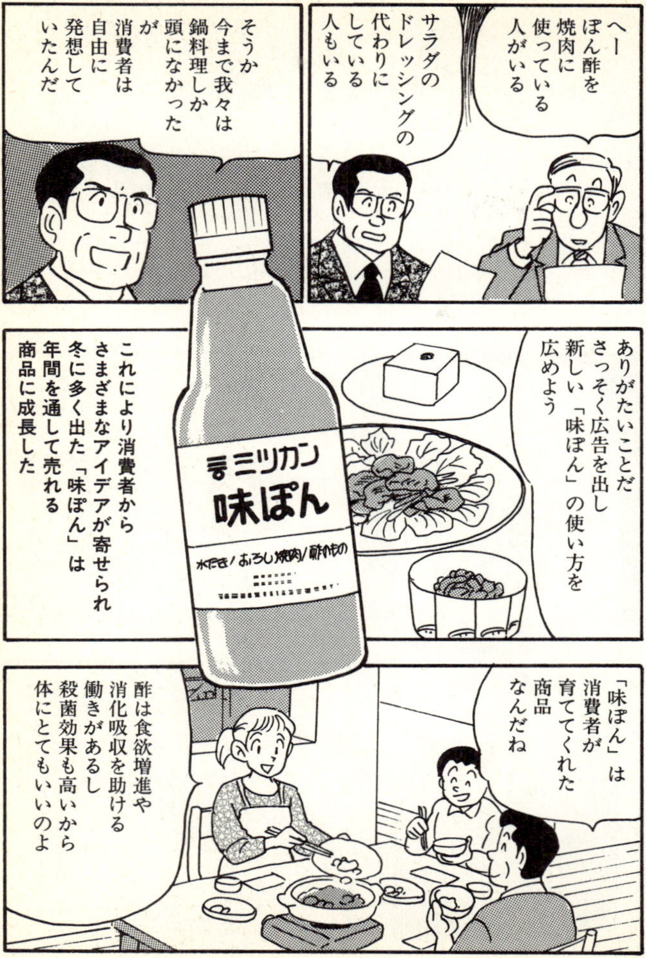
へー ぽん酢を 焼肉に 使っている 人がいる
サラダの ドレッシングの 代わりに している 人もいる
そうか 今まで我々は 鍋料理しか 頭になかったが 消費者は 自由に 発想していたんだ
ありがたいことだ さっそく広告を出し 新しい「味ぽん」の使い方を 広めよう
ミツカン
味ぽん
水たき/おろし焼肉/酢のもの
これにより消費者から さまざまなアイデアが寄せられ 冬に多く出た「味ぽん」は 年間を通して売れる 商品に成長した
「味ぽん」は 消費者が 育ててくれた 商品 なんだね
酢は食欲増進や 消化吸収を助ける 働きがあるし 殺菌効果も高いから 体にとてもいいのよ

菊正宗

日本酒なら〝辛口〟というファンが多いのは、すっきりしたのどごしで、料理がおいしく味わえるから。菊正宗が兵庫県の灘(現・神戸市)で酒造りを始めたのは約340年前。日本酒に欠かせない米、水、杜氏《とうじ》の３条件を備えた「菊正宗」は、淡麗な味と芳醇な香りで評判を呼び、辛口の代表といわれるようになる。原料を吟味し、昔ながらの生酛《きもと》づくりという製法を守り続ける老舗のこだわりと、その思いにふれてみたい。

いつものお酒とちがうね
菊正宗生酛(きもと)づくりの純米酒よ
菊正宗
純米
生酛づくり
生酛づくり
生酛づくり
江戸中期酒造りは関西では兵庫の伊丹あたりが本場だった

万治2年(1659)神戸の灘で材木商を営んでいた嘉納治郎右衛門(かのうじろうえもん)は新しい事業を始めた
これからは酒の需要が増える灘でも酒造りを始めよう
他の業者は足踏みで精米をしているというちは水車を使い効率化をはかる
水車を利用することで大量生産も可能となった
当時、江戸は大都市となり思惑どおり、酒の需要が増加
船を利用して大量に酒を運ぶようになると伊丹などより、海に面した灘が酒造りに適するようになったそこで、ここからの酒は「下り酒」と呼ばれるようになった

灘・西宮
この井戸の水は他とちがう
天保8年（1837）「宮水（みやみず）」が発見された
宮水は六甲からの伏流水が地下の貝殻層を通し湧き出したもので、ミネラルを多く含んでいる
宮水は灘の酒の味を高めた
当時、水船が西宮と灘を盛んに行きかったという
灘の酒がうめえのは宮水と丹波杜氏の腕
それに摂津・播磨の米、吉野杉と六甲の寒風と海の湿度が相まっていい味をつくっているんだ
んなこと知ってらべらぼうめ
江戸で灘の酒は大いに飲まれた

当時は問屋ごとに酒のブランドをつくり売っていたが明治になると商標条令が発布された
酒の名をつけねばならない
8代目 嘉納治郎右衛門
清酒は昔から正宗(セイシュウ)に通じ正宗(まさむね)と呼んでいる「正宗」で登録しよう
「正宗」では商標になりません
「正宗」という名ははずしたくない
「香気馥郁(ふくいく)菊なるかな」
正宗に菊の字を冠し「菊正宗」としよう
菊正宗はその後も人気を博し酒蔵も34に増えた
戦前は業界最高の醸造量を誇っていた
菊正宗
正宗
菊正宗

太平洋戦争——
空襲で灘の酒蔵はことごとく焼失
火に強いコンクリートの蔵をつくろう
昭和24年（1949）コンクリート製の一番蔵が完成
物資の乏しい中でも品質を落とさずに生産し続けた

酒は冬に仕込むものだが
いつでもできればもっと多くの人に愛飲してもらえる
夏に仕込むのはムリです
でかい冷蔵庫があればいいでしょうが
それだ!
昭和40年(1965)
工場全体に空調を施し
年間を通して酒造りができる
四季醸造工場完成
菊正宗

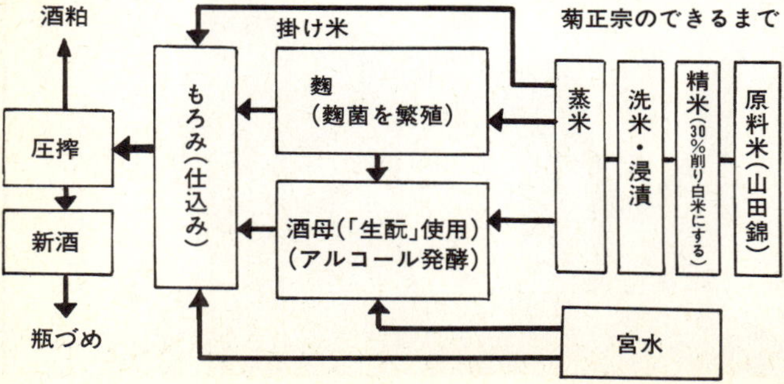
菊正宗のできるまで
原料米(山田錦)
精米(30%削り白米にする)
洗米・浸漬
蒸米
掛け米
麹
(麹菌を繁殖)
酒母(「生酛」使用)
(アルコール発酵)
宮水
もろみ(仕込み)
圧搾
酒粕
新酒
瓶づめ

当時、酒は甘口が流行し始めていた
酒の甘口、辛口は日本酒度(比重)で決まるマイナスの度合いが高いほど甘口だ
世の中、甘口が好まれているが、菊正宗は時代に流されず辛口で通す
そのためには辛口のよさを伝える宣伝が必要だ
昭和53年(1978)風呂敷が広がるテレビCMが好評となり菊正宗の辛口イメージが定着
ふさあ
きくまさァむね～
菊正宗

昭和63年（1988）
菊正宗はすべての上撰酒（一級酒）を本醸造にする！
本醸造は米の使用量も多く醸造用アルコールは白米重量の10％以下糖類も無添加です
コストがかかります
辛口は本醸造でなくてはならない
いい酒は必ず支持される

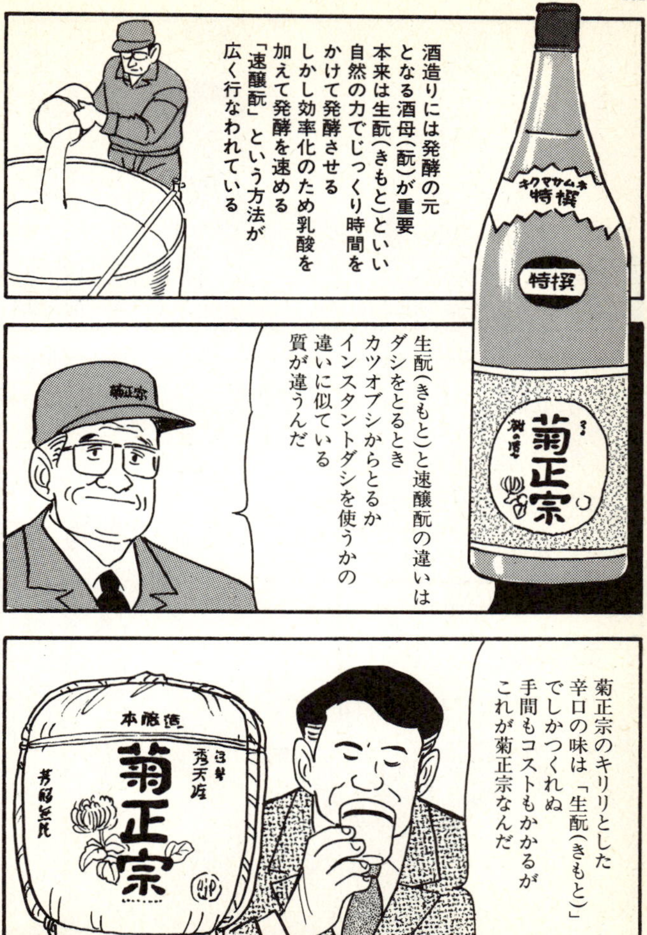
酒造りには発酵の元
となる酒母(酛)が重要
本来は生酛(きもと)といい
自然の力でじっくり時間を
かけて発酵させる
しかし効率化のため乳酸を
加えて発酵を速める
「速醸酛」という方法が
広く行なわれている
キクマサムネ
特撰
特撰
菊正宗
生酛(きもと)と速醸酛の違いは
ダシをとるとき
カツオブシからとるか
インスタントダシを使うかの
違いに似ている
質が違うんだ
菊正宗のキリリとした
辛口の味は「生酛(きもと)」
でしかつくれぬ
手間もコストもかかるが
これが菊正宗なんだ
本醸造
菊正宗

平成7年（1995）阪神大震災で灘も被災した
大空襲で蔵がもし残っていたら、この地震で全壊しただろう
近代蔵にしていたお陰で被害は最小限ですんだ
菊正宗の生酛（きもと）づくりがなぜうまいのかを化学的に証明した
経験だけではないのです
溝口晴彦主任研究員
これで生酛（きもと）づくりに自信が持てた菊正宗の選択は正しかった
平成9年（1997）日本生物工学会で溝口研究員が江田賞を受賞
化学的に裏打ちされた菊正宗のうまさは本物だね
でも飲みすぎはダメよ

第三章
生活雑貨は常に進化する

花王石鹸

月のマークでお馴染みの「花王石鹸」が誕生したのは明治23年。ラベルには、創業者である長瀬富郎自身が考案した月のマークがデザインされていた。当時は下弦の月で、上弦の月に変わったのは昭和18年のこと。それ以降、石鹸は庶民の手に届く商品になった。2001年4月現在、299ブランド、903アイテムにも及ぶ花王の家庭用製品の元祖である「花王石鹸」誕生を巡る歴史と数々のエピソードを訪ね歩いてみよう。

やっぱり石鹸はクリームみたいな「花王ホワイト」ね
花王
クリームみたいなせっけん
Kao. White
花王ホワイト
13～14世紀頃、中世ヨーロッパでオリーブ油と海藻ソーダから「マルセイユ石鹸」というものがつくられていた
18世紀、産業革命で油脂が発見された

鯨油や獣油、ヤシ油から油脂原料がとれることがわかり、石鹸工業が発達
日本には室町時代ポルトガル人により伝えられた
Sabão（サボン）
シャボンだって？
石鹸は「シャボン」と呼ばれるようになった
江戸時代、石鹸は貴重品で洗剤というより医薬品として蘭学で用いられていた
当時は洗顔用に「糠袋」や「洗い粉」を使っており石鹸が使われるようになったのは明治維新後だ

明治時代に国産の石鹼がつくられるようになるが多くは家内工業であり品質も悪かった
明治20年(1887)——東京・日本橋
長瀬商店
洋小間物問屋を開業した25歳の長瀬富郎(ながせとみろう)は、小さい頃から商家などで働いており、舶来品などに興味が強かった
いやまいりましたわ
どうしました?
国産の石鹼の質が悪くてわしら問屋にも文句がくるんだ
やはり石鹼は舶来品に限るね
だが値段が高すぎるよ

品質のいい石鹸をつくれば売れるかもしれない
そうだ 知人に石鹸職人の村田亀太郎さんがいたぞ
新宿へいってくれ
へい
亀太郎さんうち専属で高級な石鹸をつくってくれないかい？
わしは職人で難しいことはわからねェ
化学的なことは私がやる
私の親戚に薬剤師がいる
教わってくるよ

石鹼を学びたいのです
香料や色素の配合などの技術が必要だよ
教えてください弟子入りします
あんたみたいに販売店主が製造技術を学ぶ人は他にはいないよ
その努力きっとむくわれるよ
やりましたねだんな
こりゃ商品というより発明品だ
それだ薬学博士の証明書や能書きをつけよう

ブランド名も必要だ
長瀬石鹸ですか
いい香りだ
それじゃ安っぽいな
高級品イメージで商標も包装も今までにないものにしよう
石鹸は顔を洗うためのものだから「顔石鹸」
香りがいいから「香王」では？
KAO KAO か
美しくて親しみのある「花王」はどうです
それだ
美の象徴は月だ私がデザインしよう
花王石鹸
1890年
1912年
1943年
1948年
1953年

明治23年（1890）
10月
「花王石鹸」発売
包装は石鹸をろう紙で包み能書きや証明書を印刷した6枚の紙とマーク入りの上包み紙を重ねて巻きつけたもの
3個ずつを上質の桐箱に納め貼り紙と封印を重ねるという凝ったものだった
花王石鹸
1個12銭
（桐箱入り 3個35銭）
※当時、米5kgが23銭だった
販売も新しい形式にしよう
業界初の割戻し制度や出荷保険、景品など次々と新しい販売促進策を展開し、花王石鹸は贈答用を中心に売り上げを伸ばした

知人が関西で卸売店を開いていたため
そこを基盤に全国へ展開
大崎組商會
花王の名をもっと知ってもらうには広告が一番だ
新聞広告は富郎自らコピーを考案し、レイアウトも作成
花王石鹸
鉄道の野立看板や広告塔、劇場の引き幕、電柱、川蒸気船、浴場の額などあらゆる場所に広告を展開
広告の効果と品質のよさが受けて発売5年で4万4000ダース売れました
しかしこのところ類似品がふえてきました
うむ

放っておこう
しょせん
模造品は
模造品でしかない
反対に花王の
石鹸が本物だと
宣伝してくれている
ようなものだ

明治35年(1902)
原料から包装まで
一貫生産ができる
工場が完成した

大正13年(1924)
牛脂やヤシ油から
グリセリンが精製できる
ようになり
工業用や軍事用の
需要が増した

昭和6年（1931）泡立ちや香りも向上し品質がよりアップ
NAGASE&CO
花王石鹸
石鹸のつくり方
石鹸の主な原料は牛脂とヤシ油
油脂を脂肪酸とグリセリンに分解
脂肪酸
グリセリン
脂肪酸に水酸化ナトリウムを加え石鹸のもとをつくる
テープのような形にして乾燥、色、香りをつける
練った後、長い棒にして1個ずつ切断
包装して箱づめ
Kao
1個10銭に値下げし石鹸をより大衆化させるために「新装花王」として安く大量につくり広めよう
昭和45年（1970）「花王ホワイト」発売 高級石鹸は一般のものになった
花王石鹸 ホワイト

三菱鉛筆

日本でオリジナル鉛筆が誕生したのは1901年、フランスで世界初の鉛筆が生まれてから100余年もあとのことであった。当初は舶来の鉛筆に比べ、折れやすい、削りにくいなど、粗悪なものが多かった日本製鉛筆も、原料の吟味やたゆまぬ技術革新によって、世界に誇る高品質なものに成長していった。「ユニ」などのヒット商品を生んだ三菱鉛筆が、初の国産鉛筆に挑んだ歴史に秘められた開発への思いとは何か？

B
MITSU-BISHI -uni-
ESTABLISHED 1887
三菱鉛筆は三菱グループの会社ではないということ知ってました？
古代から筆記用具はさまざまに変化してきた
15世紀鉛の棒で書くことが考案され、その後黒鉛が発見された

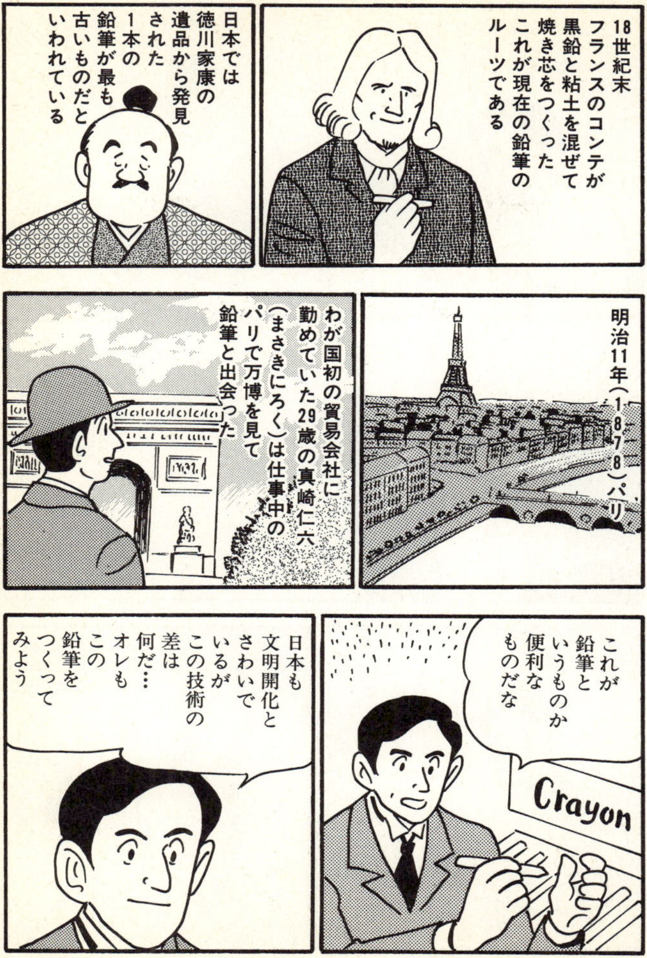
18世紀末
フランスのコンテが
黒鉛と粘土を混ぜて
焼き芯をつくった
これが現在の鉛筆の
ルーツである
日本では
徳川家康の
遺品から発見
された
1本の
鉛筆が最も
古いものだと
いわれている
明治11年（1878）パリ
わが国初の貿易会社に
勤めていた29歳の真崎仁六
（まさきにろく）は仕事中の
パリで万博を見て
鉛筆と出会った
これが
鉛筆と
いうものか
便利な
ものだな
Crayon
日本も
文明開化と
さわいで
いるが
この技術の
差は
何だ…
オレも
この
鉛筆を
つくって
みよう

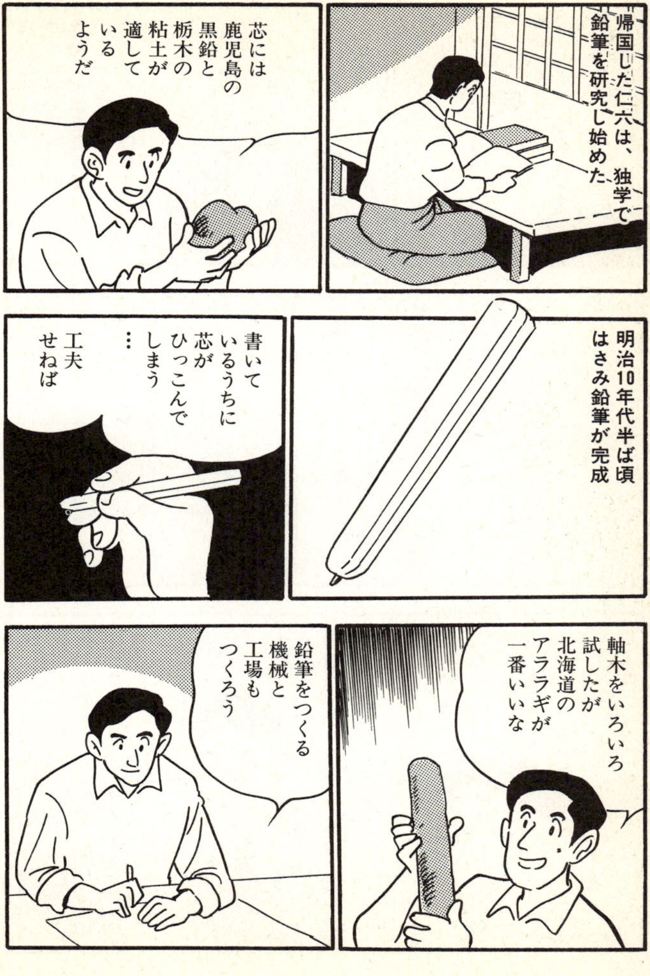
帰国した仁六は、独学で鉛筆を研究し始めた
芯には鹿児島の黒鉛と栃木の粘土が適しているようだ
明治10年代半ば頃はさみ鉛筆が完成
書いているうちに芯がひっこんでしまう…
工夫せねば
軸木をいろいろ試したが北海道のアララギが一番いいな
鉛筆をつくる機械と工場もつくろう

明治20年（1887）「真崎鉛筆製造所」を設立
製造所といっても内藤新宿（現・新宿）の水車小屋でタヌキも出るほどの場所だった
これがあんたの鉛筆かい？
鉛筆はドイツのが一番で高級品だ
こんな安っぽいものは売れませんな
むかっ
どこも相手にしてくれないもうやめた
所長

まいったな
所長は技術屋で
きまじめだから
営業はムリだよ
あの
性格では
セールスは
向かないよ
困った
ものだ
10年たっても
まともな
販売ルートが
決まらない
独自の
ルートを
探すしかない
郵便局
か
ほう
いいじゃ
ないか
しかし
この
はさみ鉛筆は
使いにくい
外国製品並みの
鉛筆に
なったら
考えても
いいよ
本当
です
か!?

3年かけて、ようやく本格的な鉛筆を完成させた
明治34年（1901）真崎鉛筆完成 逓信省（現・郵政事業庁）用に採用された
局用一号（2B）局用二号（HB）局用三号（2H）の3種類だった
眞崎鉛筆
眞崎鉛筆
眞崎鉛筆
眞崎鉛筆
眞崎鉛筆
1本1厘
木が逆目で削りにくい半分は使えない
改良します！
局用鉛筆を記念して商標をつくろう!!

真崎家の家紋は「三鱗」だ
これをモチーフにダイヤ型に
して「三菱」としよう!!
事業は順調に
なった
これからは
一般へも
普及させ
たい
全国規模の
販売力をもつ
市川商店と
提携しては
どうでしょう?
真崎六郎
明治37年(1904)
「真崎市川鉛筆」となった
真崎側は製造に専念でき
鉛筆の品質も向上
世界でも認められる
鉛筆となり、輸出も
好調だった

鉛筆が好調になると
鉛筆業者が乱立し始め
粗悪品が氾濫
結果的に日本製は
イメージダウンしてしまった
ポキ
さらに市川と真崎は
経営方針で対立し、分裂
関東大震災が
追い打ちをかけた
うちも
経営不振で
苦しんで
います
色鉛筆の
老舗の
大和鉛筆
さんも
ですか!?
お互い
協力
しま
しょう
大正14年(1925)
「真崎大和鉛筆」設立

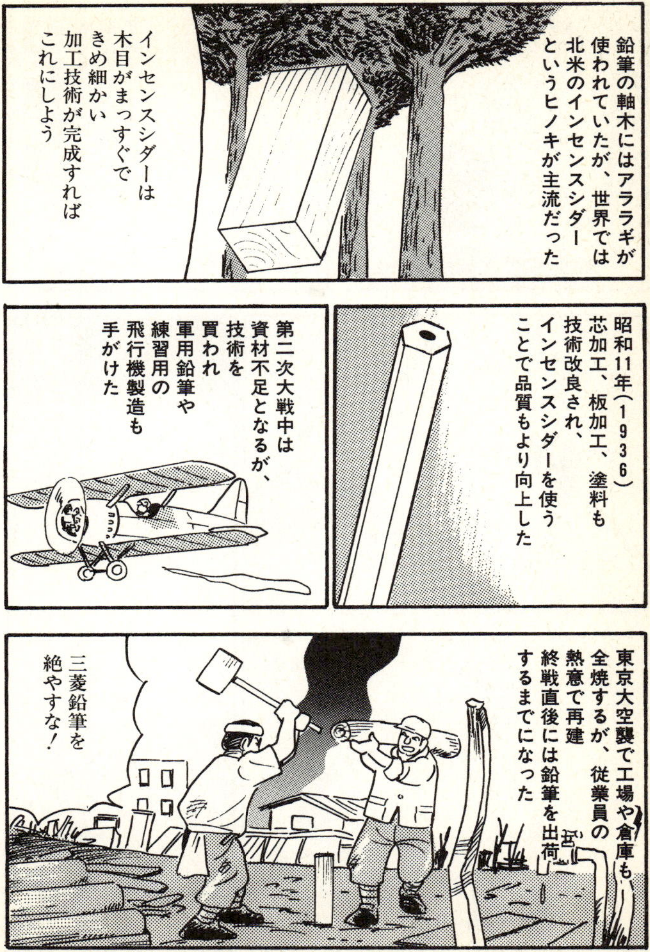
鉛筆の軸木にはアララギが使われていたが、世界では北米のインセンスシダーというヒノキが主流だった
インセンスシダーは木目がまっすぐできめ細かい加工技術が完成すればこれにしよう
昭和11年（1936）芯加工、板加工、塗料も技術改良され、インセンスシダーを使うことで品質もより向上した
第二次大戦中は資材不足となるが、技術を買われ軍用鉛筆や練習用の飛行機製造も手がけた
東京大空襲で工場や倉庫も全焼するが、従業員の熱意で再建終戦直後には鉛筆を出荷するまでになった
三菱鉛筆を絶やすな！

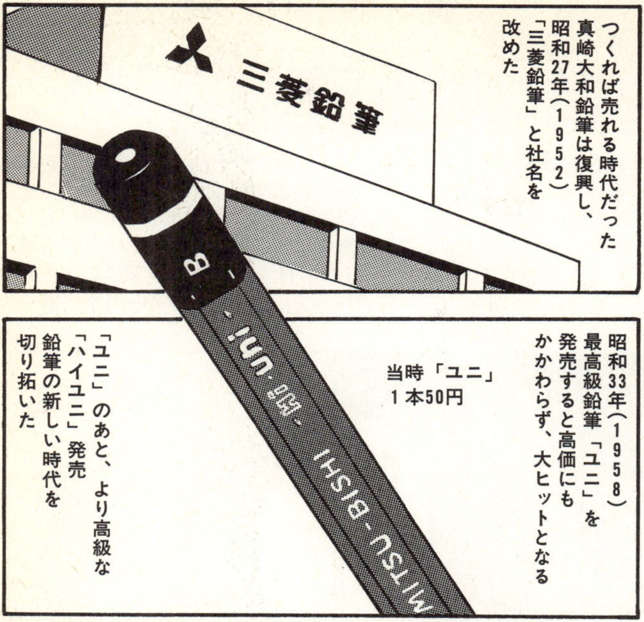
つくれば売れる時代だった
真崎大和鉛筆は復興し、
昭和27年（1952）
「三菱鉛筆」と社名を
改めた
三菱鉛筆
昭和33年（1958）
最高級鉛筆「ユニ」を
発売すると高価にも
かかわらず、大ヒットとなる
当時「ユニ」
1本50円
「ユニ」のあと、より高級な
「ハイユニ」発売
鉛筆の新しい時代を
切り拓いた

鉛筆の製造

黒鉛と粘土に水を加え、練る
筒型に圧縮し芯の太さにする
乾燥させて炉で焼き固める
すべりをよくするため油にひたす

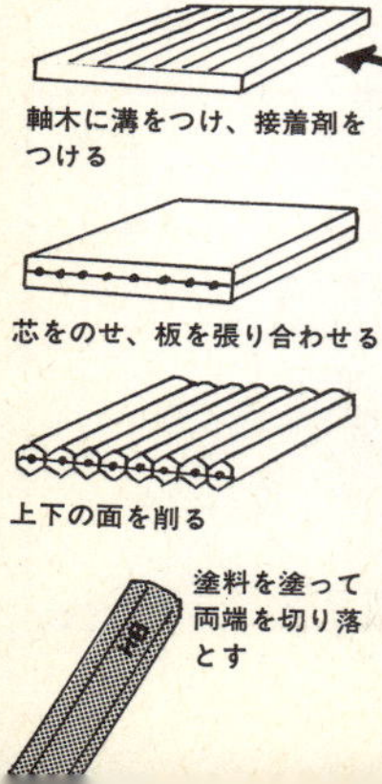
軸木に溝をつけ、接着剤をつける
芯をのせ、板を張り合わせる
上下の面を削る
塗料を塗って両端を切り落とす

H＝HARD（硬い）
F＝FIRM（堅い、しっかりした）
HB＝HとBの中間
B＝BLACK（黒い）

硬度	黒鉛	粘土
9H	45%	55%
HB	70%	30%
6B	80%	20%

硬さは黒鉛と粘土の割合で決まる

●シヤチハタ●

Xスタンパー ネーム

今や簡易印鑑の代名詞にまでなっている「シヤチハタ」が誕生したのは昭和43年。高度成長時代であった当時、印鑑とインキを一体化させ、10万回以上も捺印できるという画期的な商品は、発売と同時に48万本も売れる大ヒットとなった。現在も市場の80%を占め、他社の追随を許さない「シヤチハタ ネーム」。大正時代から芽生えていたアイデアを商品化するために試行錯誤した日々とは？

宅配便です
ごくろうさま
YAMANEKO
Stamper
シヤチハタ ネームは便利ね
大正4年(1915)名古屋
舟橋高次(ふなはしたかじ)は15歳で薬問屋で働き出した

最初の仕事は収入印紙にスタンプを押すことだった
当時のスタンプはインキ瓶からスタンプ台にインキを注ぎ、ゴム印につけて押すというものだった
不便だな
早稲田の夜間部に入学した高次は、化学の分野に興味を抱き出した
インキとスタンプ台を合体することができるぞ
大正14年（1925）「舟橋商会」を設立し、「万年スタンプ台」の製造と販売を始めた
HATA
BRAND
STAMP PAD

万年
スタンプ台？
インチキくさいな
ウチはいらん
どこの問屋も相手にしてくれない……
市役
種警察署
こちらで無料で使ってもらえませんか？
ただ？
そのかわりよかったら保証書を書いてほしいのです
いいだろう使わせてもらうよ

どうです折り紙つきです
ほう
数年間売り歩いて市場調査と流通の合理化が重要だとわかったよ
昭和5年(1930)
舟橋さんこの日の丸旗のマークは商標登録上まずいよ
ようやくなじんできたのにな…
日本の象徴じゃなくて地元名古屋の象徴にしたらどうだい?
名古屋の象徴なら金のシャチホコだがね!
シャチハタだ!
昭和16年(1941)舟橋商会は「シャチハタ工業」になった
鯱旗印
シヤチハタ印

その後、戦災にもめげずスタンプ台をつくり続け専門メーカーとして躍進シヤチハタはスタンプ台の代名詞となった
昭和25年頃
Shachihata
シヤチハタ
昭和10年頃
昭和27年（1952）
インキとスタンプ台をひとつにしたらスタンプ台とゴム印もひとつにできないだろうか……インキをゴム印に伝えるにはどうすればいいだろう……
うーむ
うーむ
ん？
スポンジ

スポンジなら
インキをためて
しぼり出す
ことも
できる
スポンジは
やわらか
すぎて
インキが
にじみ
ます
やはり
ゴムか
しかし
ゴムは
インキを
通しま
せん
通さねば
通して
みよう
穴を
あければ
いいのだ
プス
針でつついても
泡をつくっても
うまく
いきま
せんね
うーん
やはり
ムリか
おや？

何だね
これは？
不純物が
混じった不良品です
穴ができて
いたのです
穴⁉
細かい粒を
入れて
焼いたあと
その
粒を
とり出せば
いいかも
しれん
！
砂糖や
デンプンは
高温で
焼くと
溶けたり
変質
します
砂糖が
ダメなら
塩だ
で、
でき
ました！

ゴム印のベースをつくるとき水溶性塩類を混ぜて焼き、あとで洗い流すと連続した細かい気孔ができました
やった！
ああっインキが乾いてしまう！
くそ！
空気にふれても乾かず印字されるとすぐ乾くインキか
ドロドロしたのはつまるし、サラサラしたものはにじむ……
それだ！
え!?
ボールペンのインキだよ！

昭和38年（1963）
10年の歳月をかけ
不乾性油性染料系インキを
開発
初のスタンプ台のいらない
ゴム印が完成
領収
X stamper
未知を表わす〃X〃をとり、
「Xスタンパー」と命名
昭和40年（1965）新発売
ところが
売れなかった
このスタンプを
受け入れる
土壌がない
からだ
広告だ！
CMを流したところ
一気に売れ始めた
スタンプ台不要の
スタンプが
ついに認められた

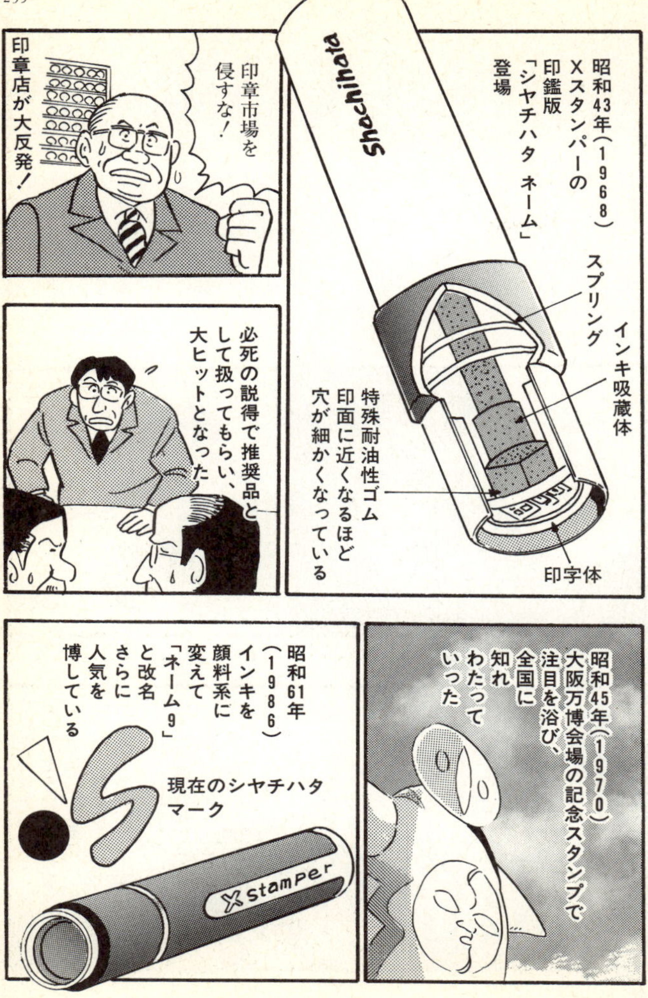
昭和43年（1968）Xスタンパーの印鑑版「シヤチハタ ネーム」登場
Shachihata
スプリング
インキ吸蔵体
特殊耐油性ゴム
印面に近くなるほど穴が細かくなっている
印字体
印章店が大反発！
印章市場を侵すな！
必死の説得で推奨品として扱ってもらい、大ヒットとなった
昭和45年（1970）大阪万博会場の記念スタンプで注目を浴び、全国に知れわたっていった
昭和61年（1986）インキを顔料系に変えて「ネーム9」と改名さらに人気を博している
現在のシヤチハタマーク
X stamper

ぺんてる筆

せわしない現代、筆で手紙を書く人は少なくなった。しかし、せめて年賀状くらいは筆で書きたいという人に愛用されているのが筆ペン。中でも「ぺんてる筆」は、毛筆タイプの市場で約70%のシェアを占める筆ペンの王様。太さ0.16ミリ、毛先0.5ミクロンという細さにもかかわらず、腰の強い合成繊維毛を使っており、本物の筆に近い書き心地が得られる。試行錯誤の連続だった「ぺんてる筆」の開発史を辿ってみる。

年賀状は やはり 毛筆で 書かねば
それには この便利な 「ぺんてる筆」が 一番だ
筆の起源は定かでないが 秦の始皇帝に仕えた蒙恬(もうてん)将軍が改良したことが 知られ、筆の祖として 祀られている
日本に伝わったのは 5世紀頃で、9世紀には 弘法大師により 製法も伝わった

江戸時代から明治にかけ、全国各地で筆がつくられるようになる
敗戦により学校での学習書道廃止があり、産地は激減
今は広島県熊野地区が主力産地として残る
だが中国製の筆が増加しているのが現状
明治時代から、堀江利定は東京で「堀江文海堂」という筆屋を営んでいた
息子の堀江幸夫(ほりえゆきお)も父の仕事を手伝っていた
おまえも筆職人になれ
職人はいつまでも問屋の下だからいつかは問屋になって人を使う立場になれ
だが偉くなっても威張ってはダメだ
頭(こうべ)を低くしてこそ人びとの尊敬を受けるのだ

どうした?
客に文句をいわれたんだ
文句をいってくれる人は神様だ
え?
文句を聞いて工夫して直し相手に喜んでもらえるのがわしらの生きがいだ
これどうですか?
バカもの自信のないものはつくるな!
海堂
「これはいかがですか?」と聞くんだ

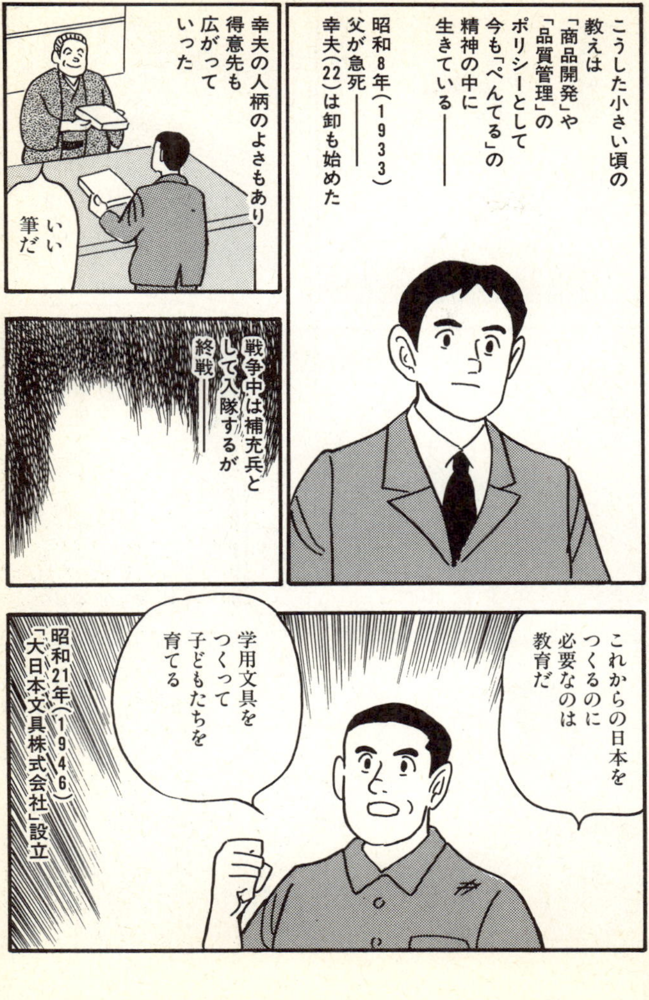
こうした小さい頃の教えは「商品開発」や「品質管理」のポリシーとして今も「ぺんてる」の精神の中に生きている——
昭和8年(1933)父が急死——幸夫(22)は卸も始めた
幸夫の人柄のよさもあり得意先も広がっていった
いい筆だ
戦争中は補充兵として入隊するが終戦——
これからの日本をつくるのに必要なのは教育だ
学用文具をつくって子どもたちを育てる
昭和21年(1946)「大日本文具株式会社」設立

クレヨンや絵の具を開発すると、大いに売れた
クレヨン
DRAGON CRAYON
昭和26年（1951）
もっと外国の画材を知りたい
そうだ近くに宮田重雄画伯がおられる聞いてみよう
これがパステルです
しかし乾くと粉になるので止め液が必要なのです
何かいい方法がないものか
堀江さんそんなものつくってもらえないかね？
はい！

研究の結果
美しい「パステル」が完成
これは
いいね
ペイント
できる
パステル
だね
ペイント
パステル
ペンテル
「ぺんてる」だ
社名も「ぺんてる」とし、
パステル(クレヨン)なども
発売
業界のトップメーカーと
なっていた
PENTEL
ところで
堀江さん
あんたは
筆屋
だったね
筆とペンの
中間みたいな
ものが
できない
かね？
筆ペン
か…

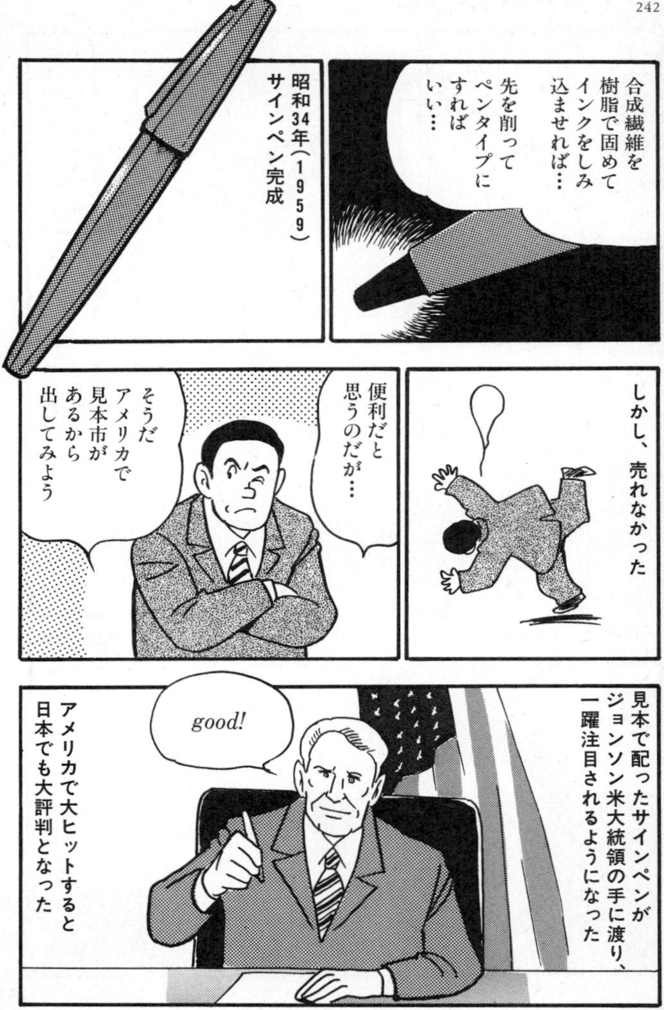
合成繊維を
樹脂で固めて
インクをしみ
込ませれば…
先を削って
ペンタイプに
すれば
いい…
昭和34年（1959）
サインペン完成
しかし、売れなかった
便利だと
思うのだが…
そうだ
アメリカで
見本市が
あるから
出してみよう
見本で配ったサインペンが
ジョンソン米大統領の手に渡り、
一躍注目されるようになった
good!
アメリカで大ヒットすると
日本でも大評判となった

サインペンでは筆文字は書けないサインペンの先を筆にできないか？
高級毛筆にはイタチやネズミのヒゲがいいが殺生はしたくない
合成毛筆をつくろう
山田君研究してくれないか？
筆なんて初めてです
山田矩生（現・茨城工場副工場長）
筆匠に弟子入りして技術を学ぼう
一般的な製筆工程
①毛先を揃える
②毛束を切る
③毛筆状になるよう毛束を組み合わせる
※ぺんてる筆は③で完成する
④毛束を均一にする
⑤穂先を１本分ごとに束を分割
⑥軟毛を外に巻き毛束の根元をしばり根元を焼いて固定

あらゆる動物の毛を集めて研究し、昭和45年（1970）ようやく合成毛が完成
硬すぎる……
でもこれは付けまつげやカツラ、歯ブラシにも利用できるぞ
事実これは特許を取得している
いきなりAからCはムリだ まずBをやってはどうだ？
他社から筆ペンが出ました！
なに！
この筆先はサインペンを軟質化した繊維芯だ
我々がめざす筆とは根本的に違う

研究開発した合成毛は
獣毛より腰が強く
上質なものだった
使い捨てタイプでは
もったいない
カートリッジにしよう
昭和51年（1976）8月
本格的毛筆タイプの
「ぺんてる筆」完成
1本の毛の
太さは
0.16ミリ
先端は
0.5ミクロン
ぺんてるは早くから自動化と
品質管理に力を入れているが、
「ぺんてる筆」に関しては人が
全品毛先のチェックをしている
Pentel
「ぺんてる筆」は
立派なのに
肝心の
字が
ヘタだから
もうしわけ
ない……

●マックスの●
「ホッチキス」

ホッチキスは国によってタイプが違うのをご存じですか？　アメリカではハンドルを叩いて使う卓上型、ヨーロッパではペンチのように握るプライヤー型が主流。日本で普及するハンディタイプは、マックスが昭和27年に開発した純国産商品。小型で軽量、指先だけで綴じられるため大ヒット。現在、国内75%、オートステープラ（電子ホッチキス）は全世界の80%という圧倒的シェアを誇る。その開発秘話とは？

あれ？このホッチキスとじウラが平らだ
マックスのフラットクリンチです

昭和17年（1942）太平洋戦争時群馬県高崎市にゼロ戦の部品をつくる「山田航空工業」が設立された

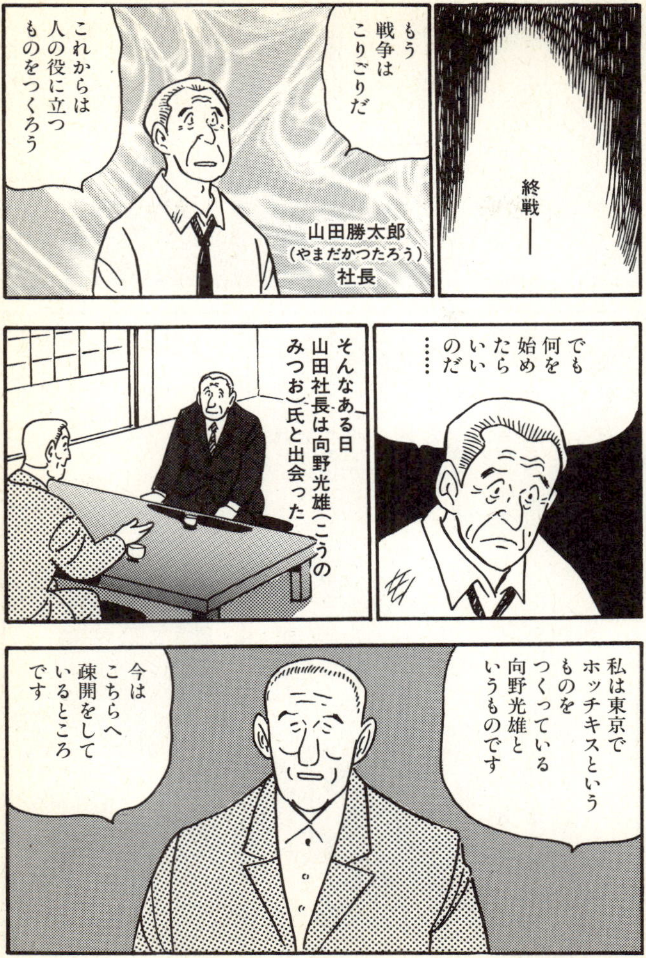

終戦――
もう戦争はこりごりだ
これからは人の役に立つものをつくろう
山田勝太郎（やまだかつたろう）社長
でも何を始めたらいいのだ……
そんなある日山田社長は向野光雄（こうのみつお）氏と出会った
私は東京でホッチキスというものをつくっている向野光雄というものです
今はこちらへ疎開をしているところです

向野事務器の向野さんが私に何か……
じつはもう商売はやめようと考えているのです
ええっ!?向野さんは昭和10年頃から数多くのホッチキスをつくっておられるのに!?
1860年代米国の南北戦争時代B・ホッチキスは機関銃を発明その技術を生かし親戚のE・H・ホッチキスは「ホッチキス社」を設立ペーパーファスナーをつくった
日本には明治時代に入り社名を商品名と思い「ホッチキス」と呼ぶようになった米国では現在ステープラーという
HOTCHKISS

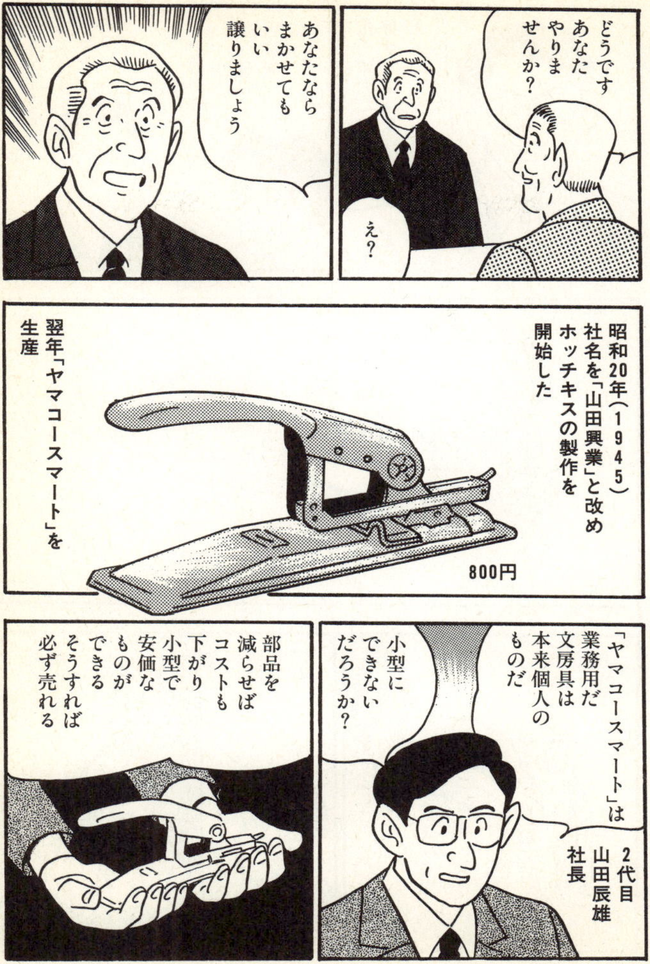
どうですあなたやりませんか？
え？
あなたならまかせてもいい譲りましょう
昭和20年（1945）社名を「山田興業」と改めホッチキスの製作を開始した
800円
翌年「ヤマコースマート」を生産
「ヤマコースマート」は業務用だ文房具は本来個人のものだ
小型にできないだろうか？
2代目山田辰雄社長
部品を減らせばコストも下がり小型で安価なものができるそうすれば必ず売れる

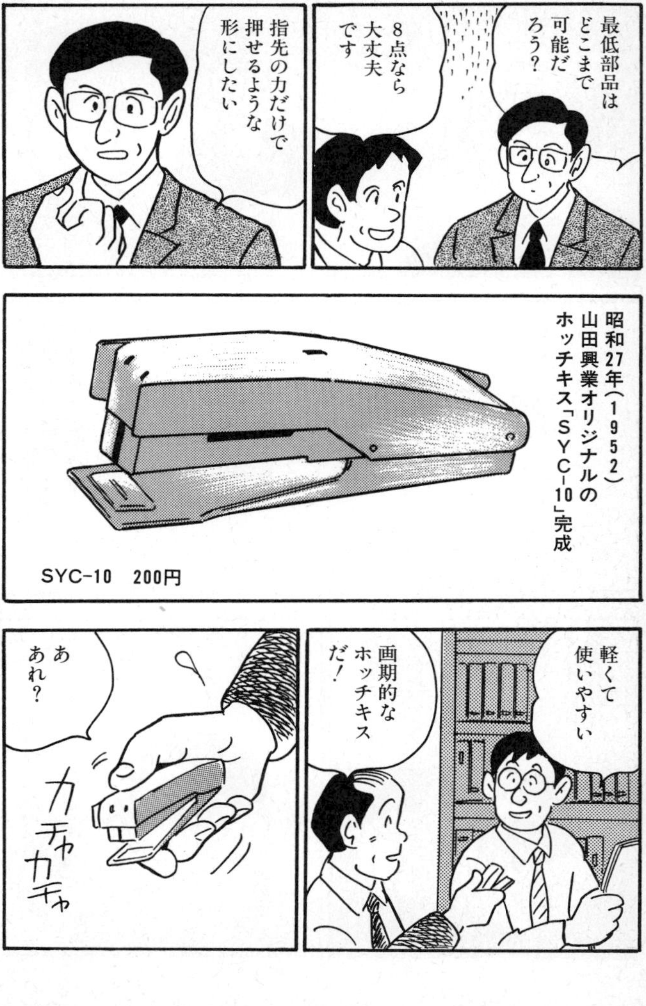
最低部品はどこまで可能だろう？
8点なら大丈夫です
指先の力だけで押せるような形にしたい
昭和27年（1952）山田興業オリジナルのホッチキス「SYC-10」完成
SYC-10　200円
軽くて使いやすい
画期的なホッチキスだ！
あ　あれ？
カチャ
カチャ

針を押し出す部分がすぐにこわれてしまう
すぐ補強し改良するのだ！
これはよくなった
使いやすいな
今までコヨリでとじていたのがウソみたいだわ
改良「SYC－10」は大ヒットした
これでわが社も文房具メーカーとしてやっていけそうだ！

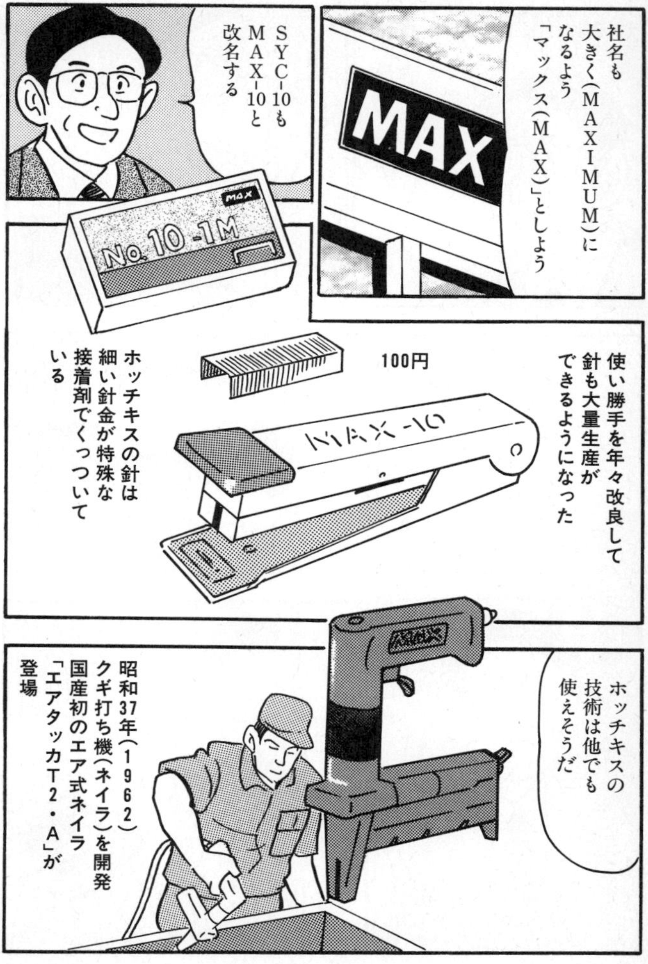
社名も
大きく(MAXIMUM)に
なるよう
「マックス(MAX)」としよう
MAX
SYC-10も
MAX-10と
改名する
MAX
No.10-1M
使い勝手を年々改良して
針も大量生産が
できるようになった
100円
MAX-10
ホッチキスの針は
細い針金が特殊な
接着剤でくっついて
いる
ホッチキスの
技術は他でも
使えそうだ
昭和37年(1962)
クギ打ち機(ネイラ)を開発
国産初のエア式ネイラ
「エアタッカT2・A」が
登場

昭和42年（1967）
マックスの「ホッチキス」が
JIS規格に認定され
日本標準となる
工場も
オートメーション化され
コストダウンに
成功した
以降
さまざまな
ホッチキスが
誕生し
昭和52年
（1977）
累計
販売台数が
1億台を
突破した
昭和56年（1981）
本社を東京・日本橋に移転した頃
とある会議で
MAX
MAX
こんな
意見が
とどいて
おります

ホッチキスのとじウラがメガネ状にふくらむので書類を重ねるとふくらんだり崩れたりするから何とかならないかということです
メガネ状
消費者のニーズに応えるのが我々の使命だすぐに研究してくれ
5代目　橋本久雄社長
たしかにそうだ
今まで気がつかなかった…
とじウラを平らにするには下から針を強く直角に折り曲げなくてはならない
下から圧力をかける方式がいい

昭和62年（1987）
数年の開発を経て
とじウラが平らになる
フラットクリンチ機構の
「HD・10F」完成
クリンチャーが
下から針を強く
直角に折り曲げる
ところが今までのものより
3倍もの値段がしたことと
認知度もないため、全く
売れなかった
文具フェア――
S FAIR
こんなの
欲しかった
わ！
もう金づち
いらない
わね
ほんとに
便利に
なったわ！
ところがOLたちの目にとまり
それ以降、大人気となる
今では
電子
ホッチキスや
コピー機
内蔵の
ホッチキスも
あるん
ですよ
進化して
いるんだね

●タカラの●

「リカちゃん」

昭和35年に「だっこちゃん」ブームを巻き起こしたタカラが「リカちゃん」を発売したのは昭和42年。それまで、アメリカ製の「バービー」人形が独占していた市場に、日本オリジナルの人形で勝負をかけた。結果は、親しみやすい容姿、最先端のファッション、キャラクターの設定などが女の子に受け、爆発的人気を呼ぶ。今日まで約5000万体以上も売れているロングセラー商品「リカちゃん」誕生までのストーリー。

福島県小野町——
なんだこの洋館は？
リカちゃんキャッスル!?
中は工場と博物館だ
ドオーン
昭和20年（1945）福島県郡山市の軍需工場が空襲にあった

生きてるぞ!
工員のひとり、21歳の佐藤安太(さとうやすた)は奇跡的に助かった
生きている…
これからは悔いのない生き方をしなくては……
昭和30年(1955)佐藤安太は東京都葛飾区宝町に小さな工場を設立した
佐藤ビニール工業
よしやるぞ!

2人の従業員とともにビニールを加工してレインコートや小物をつくっていた
佐藤さんのところは仕事がていねいでいいね
ビニール加工業者は他にも多数あったが、アイデアとていねいな仕事ぶりで業績を伸ばした
しかしこの頃、日本は不況を迎えた
だが昭和35年（1960）佐藤のアイデアが産んだ「だっこちゃん」を発表
一世を風靡する大ヒットとなった

これからは
夢のある
おもちゃを
つくろう
社名も
「タカラビニール」
にする
昭和36年（1961）
タカラビニールは
大躍進した
タカラビニール
「だっこちゃん」の
ヒットも
一時的な
ものだ
ビニール
玩具の
売り上げも
落ちている
──
何か新しい
ものが
必要だ
昭和41年（1966）
渡米し、アイデアル社との
商談の際、新製品の
ヒントを得た
!

人形ですか？
アメリカではバービー人形が人気だ日本でも売れるはずだ
これらを入れるドールハウスをつくろうと思う
持ち運びのできるキャリングケースにしたい
「ドリームハウス計画」だ
小島クンキミを責任者にする
小島康宏(26)は佐藤夫人の弟で当時は輸出担当をしていた
タカラ
これからはウチも多角経営をしていくから社名も「タカラ」にする

ドールハウスなんて見たこともない
古本屋でアメリカのカタログを探そう
古本
書房
BOOK
あーでもないこーでもない……
ズボ
ありゃバービーが大きすぎて入らない
でもバービー人形に合わせたら巨大な家になってしまうぞ
じゃあ小さな人形をつくろう
市場はバービーやタミーなどいっぱいですよ
そこに討ち入るのさ

バービー人形と同じでは勝負にならない
小さい子でも持てる小さな日本の女の子にしたらどう？
女の子!?
少女マンガのヒロインのイメージだ！
少女マンガに共通した女の子の顔にすれば人気が出るぞ
小島はアポなしで少女マンガの第一人者・牧美也子氏にアドバイスをお願いすることにした
ピンポン
まあ雨の中
突然すみません
試作の人形をつくりましたので、ぜひご覧いただけないでしょうか？

小島の人柄もあり
牧美也子氏は快く監修を引き受けドールハウスの内装までもアドバイスをしてくれた
ありがとうございます!
できました!
原型を過って落としたために、量産品第一号は鼻が少しつぶれている
名前をつけねば
タレントのようなエミリーとかサリーはどうです?
日本人だよ
リカなんてどう?
いい響きだ
オレは女優の香山美子のファンだから
―「香山リカ」だ

顔もスタイルも決まったが何かひとつ足りない気がする……
そうだウルトラマンだ
ウルトラリカですか？
ちがうよウルトラマンには生まれた星や弱点などプロフィールがあるじゃないか！
リカちゃんにも必要なんだ

「香山リカ」も人間と同じ履歴をつくろう

あたし香山リカ
5月3日生まれの11歳
おうし座　O型
白樺学園5年生
身長142センチ
体重34キロ
算数はニガ手だけど
国語、音楽、美術は得意
性格は明るくて活発
素直であわてんぼさん
赤いバラとチューリップが大好き
体長
約21cm

昭和42年(1967)7月4日
リカちゃん発売
一体 750円
7月4日は
奇しくもライバル
バービー人形の故郷
アメリカの独立記念日だ
徹底したマーケティングと
CMを利用した販売戦略で
クリスマスシーズンに
爆発的ヒットとなった
リカちゃん
やったな!
2代目
3代目
4代目
翌年「いづみちゃん」や
「わたるくん」も登場し
家族もできて「リカちゃん
ワールド」が展開していく
リカちゃん
ところで
リカちゃんは
4回も整形
したんだ
失礼ね
時代に
合わせて
変身して
いるのよ

●ワコールの●

「ブラジャー」

日本で洋服を着ることが日常的になったのは戦後から。しかし、それまで着物を着ていた女性の体型に、洋服はなかなか似合わなかった。そこで登場したのが、ワコールの「ブラパッド」。まだブラジャーなどない昭和24年のことだった。その後、ワコールは次々と新商品を開発、女性下着のトップメーカーへと成長した。今や女性にとってファッションの重要な一部として熱い注目を集める「ブラジャー」の誕生物語。

薄着の季節だからブラも決めないとね
昭和21年(1946)京都 25歳の塚本幸一(つかもとこういち)は激戦の地から復員
新しい人生をやり直そう

ただいま
ガラ
あっ お客さん でしたか
こいつ わしの 甥ですねん 復員した ばかりで 今 ウチで 暮らして いるのや
そりゃ ごくろう さん でしたな
それは 何です？
数珠 でっか？
それは ネック レスや わし そんな 品を 売って ますのや あんさん どこか アテが おまへんか？

こんなのが
売れてるの
でっか?
ちょっと
借りられ
ますか?
心当たりが
あります
たのんます
幸一は知人の装飾店に
持ち込んだ
ハナフサ商店
ハナフサ
こんなの
探しとったんや
買うで!
へー
相方から
手数料が
入った
これは
商売に
なるぞ
親父
「和江商事」の
名を
使わせて
もらえ
ないか?

繊維問屋の「和江商事」は戦争で廃業している——何かをしようとしていたところだ——いいだろう
よしやったるで
和江商事を設立した幸一は商品を持って全国を行商し始めた
流行は猫の目のように変わる常に新しいものを開発していかないとおいていかれる……
昭和24年（1949）
ごめんやす
和江商事
わたしは大宝物産の安田武生といいます

じつはこんなものを開発したのです
おたくで扱ってもらえませんか？
？
何やこれ？
ブラパッドです
ブラ？
ある日美しい女性が洋服で歩いていたのです
でも胸が小さいので胸にシワがよっていたのです
こういうものを入れたら外国人みたいに魅力的になるのとちがうかと思ってつくったのです
女の胸に入れるものか…
ちょっとなまめかしいな

おもろい
アクセサリーは
限界がある
アメリカには
乳房をつつむ
ブラジャーというのが
あるらしい
日本でも必ず
使うようになるはずだ
その前に
これを売り
込もう
上京して販売すると
たちまち売れた
ところで
これは
どうやって
使うんだ？
えーと…
胸に
ぬいつけて
使って
もらうん
ですわ

そうか
こいつを入れる
ブラジャーが
いるんだ
良枝
胸出せ
昼間
から
何を
いうの!?
?
できた
カタ
カタ
こうして世界初といえる
ブラパッドを入れるポケットの
ついたブラジャーが完成
何や
外人さん
みたいや

冬になるとブラパッドが売れなくなったぞ
社長女性も冬は重ね着するから体の線を気にしなくなるんです
社長ブラジャーをつくらせている工場が製品を横流ししています！
何やて！
さらに他社からも新製品が出てきてブラパッドも売れなくなっていた
流行を追っていてはまた同じ目に遭う「和江」独自の品質のいいブラジャーをつくるしかない
そのためには信用できる工場が必要だ！

木原縫製工
何やて!?
ウチで資金を用意してほしいだと!?
ウチには金はありませんが自信があります
木原さんの工場でつくってもらったブラジャーはぜったい売ってみせます
大した自信や気に入ったで
ブラジャー
知人の縫製工場でつくった下着は品質もよく、幸一らの熱心なセールスもあり、大いに売れた

デパートの高島屋とも取り引き成功です
もっと一般の人に宣伝しよう
下着ショーをやろう
昭和27年（1952）大阪阪急デパートで日本初の下着ショーを開催
下着文化を開花させた
おしゃれ教室
社名も現代っぽく「ワコール」とする
欧米に行き女性下着の研究をしよう

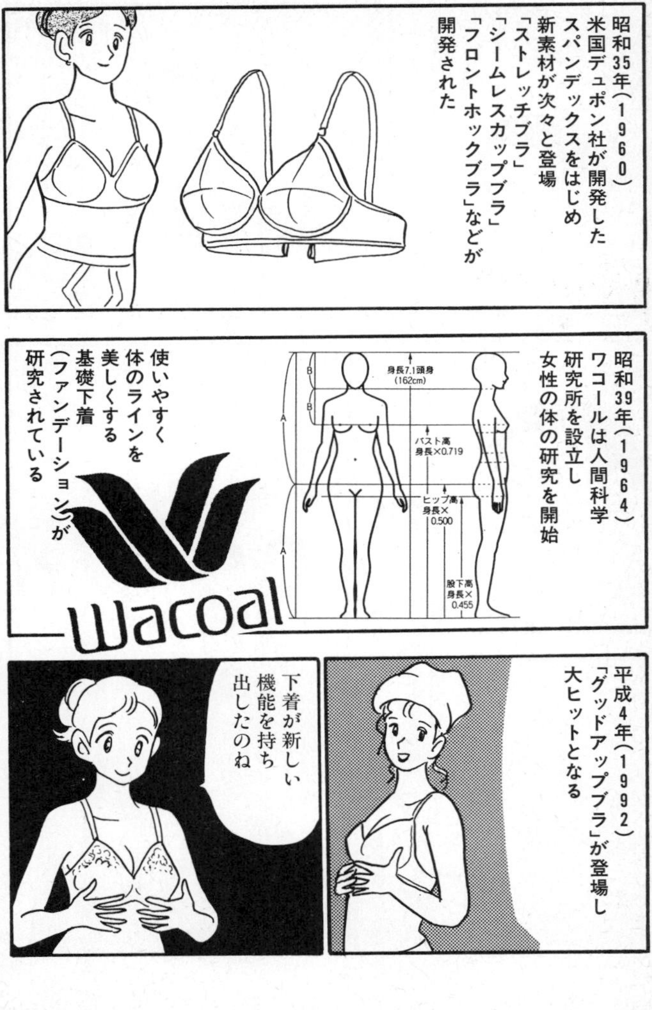
昭和35年（1960）
米国デュポン社が開発した
スパンデックスをはじめ
新素材が次々と登場
「ストレッチブラ」
「シームレスカップブラ」
「フロントホックブラ」などが
開発された
昭和39年（1964）
ワコールは人間科学
研究所を設立し
女性の体の研究を開始
身長7.1頭身
(162cm)
バスト高
身長×0.719
ヒップ高
身長×
0.500
股下高
身長×
0.455
使いやすく
体のラインを
美しくする
基礎下着
（ファンデーション）が
研究されている
Wacoal
平成4年（1992）
「グッドアップブラ」が登場し
大ヒットとなる
下着が新しい
機能を持ち
出したのね

あとがき

新聞の小さなコラムに何の商品か忘れたが、「古くても味のある物がある」というような記事を見たとき、この企画を思いついた。
それまでビジネス月刊誌『THE21』に連載していた探索シリーズは、あまりに漠然としていたので、もう少し絞り込めないかという思いもあったから、編集長に相談したところ、幸い即GOとなった。
身近にある商品で、古くから馴染《なじ》みがあり、変わらず売れているものの歴史をさぐってみようというものだった。
最初1年くらい続けばいいかな、なんて思っていたら、面白い商品があるわあるわ……。
で、気がつくと今年で8年目。
思いつくまま、多くの商品の中から編集者と選び出し、その会社に取材に伺っている。企業の多くには社史があり、古い商品も残っており、とても参考になった。
広報の方々も、さすが商品に関しての知識が豊富で毎度助かっている。

それにしても、普段スーパーやコンビニなどで目にしている商品に、ここまでさまざまな歴史があるのは意外だった。日本発の製品が多いことにも驚かされた。

特に一人の創業者が作り上げ、育て上げた商品には凄《すご》みさえ感じる。その商品には創業者の哲学や人間性まで盛り込まれているということが、ひしひしと伝わってくるからだ。

まさに商品を通してその会社の考え方まで見えてくるから、長く愛される商品というのは、その商品に込められた熱い思いが、われわれの心を確実に揺さぶり、とらえ離さないところにその人気の秘密があるのだ、ということに気づかされた。

今まで何気なく買っていたものも、こうしたことを知ると一層愛着が増してくるし、パッケージひとつとっても、それに携わった人たちの苦労のあとがうかがえるから、ついつい贔屓《ひいき》して人にも勧めてしまうようになった。

巷の商品には、まだまだ知られていないエピソードを持ったものがたくさんあるに違いない。

これからも、この連載企画が続く限り、取材してみたいと思っている。

おかげさまで、この企画のためにいろいろな企業に行くことができ、時にはトップの方ともお会いすることができ、とても貴重な体験をさせてもらっている。

この紙上を借り、改めてお世話になった各企業のみなさまに厚くお礼を申し上げます。

『THE21』の連載企画は見開き2ページものなので、どうしてもダイジェスト的なまとめ方になってしまう。そこでこのたび、文庫本用にコマにふくらみを持たせ、物語風に新たに構成し直し、書き下ろした。この本で雑学として、われわれの身近にある商品のことをさらに知っていただければ幸いです。

2001年7月

藤井龍二

本書は、平成十二年一月発行『THE21　1月特別増刊号』所収『「商品に歴史あり」ベストセレクション』から二十六話を抜粋し、文庫化に当たって再構成したものである。

著者紹介
藤井龍二（ふじい　りゅうじ）
1952年、岐阜県生まれ。日本漫画家協会会員。
『見てわかる使えるパソコン』（同文書院）、『チャレンジ漫画・星と太陽』（ベネッセコーポレーション）、『THE21 94年10月特別増刊号 2010年の日本』などで漫画・イラストを執筆。
『THE21』（PHP研究所）、『朝日中学生ウイークリー』（朝日新聞社）、『月刊星ナビ』（アストロアーツ）、『日経TRENDY』（日経ホーム出版社）に連載中。

PHP文庫　マンガで読む「ロングセラー商品」誕生物語　誰が考えたのか、どうやって作ったのか

2001年9月17日　第1版第1刷

著者　藤井龍二
発行者　江口克彦
発行所　PHP研究所
東京本部　〒102-8331　千代田区三番町3番地10
文庫出版部　☎03-3239-6259
普及一部　☎03-3239-6233
京都本部　〒601-8411　京都市南区西九条北ノ内町11
PHP INTERFACE　http://www.php.co.jp/
印刷所
製本所　大日本印刷株式会社

ISBN4-569-57606-0

PHP文庫

相部和男　非行の火種は3歳に始まる
麻倉一矢　吉良上野介
阿川弘之　論語知らずの論語読み
井原隆一　財務を制するものは企業を制す
板坂　元　男の作法
板坂　元　紳士の作法
板坂　元　男のこだわり
池波正太郎　霧に消えた影
池波正太郎　信長と秀吉と家康
池波正太郎　さむらいの巣
井上洋治　キリスト教がよくわかる本
稲葉　稔　大村益次郎
磯淵　猛　おいしい紅茶生活
石川能弘　山本勘助
石島洋一　決算書がおもしろいほどわかる本
飯田史彦　生きがいの創造
飯田史彦　生きがいのマネジメント
梅原　猛　『歎異抄』入門

内海好江　気遣い心遣い
瓜生　中　仏像がよくわかる本
内田洋子　イタリアン・カップチーノをどうぞ
江坂　彰　2001年・サラリーマンはこう変わる
遠藤周作　あなたの中の秘密のあなた
江口克彦　心はいつもここにある
奥宮正武　真実の太平洋戦争
奥宮正武・淵田美津雄　ミッドウェー
奥宮正武・淵田美津雄　機動部隊
小和田哲男　戦国合戦事典
尾崎哲夫　10時間で英語が話せる
尾崎哲夫　10時間で英語が読める
尾崎哲夫　英会話「使える表現」ランキング
尾崎哲夫　10時間で覚える英単語
尾崎哲夫　10時間で英語が書ける
尾崎哲夫　10時間で英語が聞ける
尾崎哲夫　英会話「使える単語」ランキング
尾崎哲夫　10時間で覚える英文法

越智幸生　小心者の海外一人旅
大前研一　柔らかい発想
小栗かよ子・堀田明美　エレガント・マナー講座
大島昌宏　結城秀康
大島昌宏　柳生宗矩
太田颯衣　5年後のあなたを素敵にする本
唐津　一　販売の科学
唐津　一　儲かるようにすれば儲かる
加藤諦三　自分にやさしく生きる心理学
加藤諦三　自分を見つめる心理学
加藤諦三　「思いやり」の心理
加藤諦三　愛すること 愛されること
加藤諦三　「やさしさ」と「冷たさ」の心理
加藤諦三　自分の構造
加藤諦三　人生の悲劇は「よい子」に始まる
加藤諦三　「甘え」の心理
加藤諦三　安心感
加藤諦三　愛を後悔している人の心理

PHP文庫

加藤諦三　「自分づくり」の法則
加藤諦三　偽りの愛・真実の愛
加藤諦三　「こだわり」の心理
加藤諦三　「妬《ねた》み」を「強さ」に変える心理学
加藤諦三　「つらい努力」と「背伸び」の心理
加藤諦三　「安らぎ」と「焦り」の心理
加藤諦三　「自分」に執着しない生き方
加藤諦三　「不機嫌」になる心理
加藤諦三　終わる愛　終わらない愛
加藤諦三　人を動かす心理学
加藤諦三　「せつなさ」の心理
加藤諦三　行動してみることで人生は開ける
加藤諦三　「妬み」を捨て「幸せ」をつかむ心理学
笠巻勝利　仕事が嫌になったとき読む本
笠巻勝利　眼からウロコが落ちる本
加野厚志　島津義弘
加野厚志　本多平八郎忠勝
川北義則　"自分の時間"のつくり方・愉しみ方

川村真二　恩田木工《もく》
樺旦純　嘘が見ぬける人、見ぬけない人
樺旦純　ウマが合う人、合わない人
加藤蕙　島津斉彬
川島令三 編著　鉄道なるほど雑学事典
川島令三 編著　鉄道なるほど雑学事典2
川島令三 編著　通勤電車なるほど雑学事典
金盛浦子　あなたらしいあなたが一番いい
神川武利　秋山真之
快適生活研究会　「料理」ワザあり事典
快適生活研究会　「生活」ワザあり事典
狩野直禎　「韓非子」の知恵
嘉藤徹　小説　封神演義
邱永漢　お金持ち気分で海外旅行
桐生操　イギリス怖くて不思議なお話
桐生操　イギリス不思議な幽霊屋敷
桐生操　世界史怖くて不思議なお話
桐生操　世界の幽霊怪奇物語

桐生操　世界史・呪われた怪奇ミステリー
北岡俊明　ディベートがうまくなる法
北岡俊明　最強ディベート術
菊池道人　丹羽長秀
北嶋廣敏　話のネタ大事典
国司義彦　新・定年準備講座
黒部亨　後藤又兵衛
黒岩重吾　古代史の真相
黒岩重吾 長部日出雄 他　時代小説秀作づくし
国沢光宏　とっておきクルマ学
公文教育研究所　太陽ママのすすめ
黒鉄ヒロシ　新選組
國分康孝　人間関係がラクになる心理学
國分康孝　自分を変える心理学
國分康孝　自分をラクにする心理学
児玉佳子 須藤亜希子　赤ちゃんの気持ちがわかる本
近藤唯之　プロ野球　新サムライ列伝
近藤唯之　プロ野球　名人列伝

PHP文庫

小石雄一　「朝」の達人
小石雄一　「週末」の達人
小石雄一　「時間」の達人
小林祥晃　Dr.コパの風水の秘密
小林祥晃　恋と仕事に効くインテリア風水
小林祥晃　Dr.コパ お金がたまる風水の法則
小池直己　英文法を5日間で攻略する本
小池直己　3日間で征服する「実戦」英文法
小林克己　「ヨーロッパ」1日7000円の旅行術
小浜逸郎　正しく悩むための哲学
斎藤茂太　元気が湧きでる本
斎藤茂太　立派な親ほど子供をダメにする
斎藤茂太　心のウサが晴れる本
斎藤茂太　男を磨く酒の本
斎藤茂太　逆境がプラスに変わる考え方
斎藤茂太　初対面で相手の心をつかむ法
斎藤茂太　人生、愉しみは旅にあり
斎藤茂太　満足できる人生のヒント

斎藤茂太　10代の子供のしつけ方
堺屋太一　豊臣秀長　上巻
堺屋太一　豊臣秀長　下巻
堺屋太一　鬼と人と　上巻
堺屋太一　鬼と人と　下巻
堺屋太一　組織の盛衰
佐竹申伍　島左近
佐竹申伍　蒲《がも》生《う》氏《うじ》郷《さと》
佐竹申伍　真田幸村
佐竹申伍　加藤清正
柴門ふみ　フーミンのお母さんを楽しむ本
柴門ふみ　恋愛論
佐藤愛子　上機嫌の本
佐藤綾子　自分を見つめなおす22章
佐藤綾子　かしこい女は、かわいく生きる。
佐藤綾子　すてきな自分への22章
佐治晴夫　宇宙の不思議
酒井美意子　花のある女の子の育て方

佐藤勝彦 監修　「相対性理論」を楽しむ本
佐藤勝彦 監修　最新宇宙論と天文学を楽しむ本
佐藤勝彦 監修　「量子論」を楽しむ本
坂崎善之　本田宗一郎の流儀
坂崎重盛　「ほめ上手」には福きたる
渋谷昌三　外見だけで人を判断する技術
渋谷昌三　対人関係で度胸をつける技術
渋谷昌三　使える心理ネタ43
真藤建志郎　ことわざを楽しむ辞典
芝　豪　河井継之助
芝　豪　太公望
所澤秀樹　鉄道の謎なるほど事典
陣川公平　よくわかる会社経理
鈴木秀子　自分探し、他人探し
世界博学倶楽部　「世界地理」なるほど雑学事典
瀬島龍三　大東亜戦争の実相
曽野綾子・　夫婦、この不思議な関係
谷沢永一　司馬遼太郎の贈りもの

PHP文庫

谷沢永一　山本七平の智恵
谷沢永一　反日的日本人の思想
谷沢永一/渡部昇一　人生は論語に窮まる
田中澄江　子供にいい親　悪い親
田中澄江　「しつけ」の上手い親・下手な親
田中澄江　かしこい女性になりなさい
田中澄江　続・かしこい女性になりなさい
武光　誠　18ポイントで読む日本史
田中真澄　人生は最高に面白い!!
高橋克彦　幻想ホラー映画館
田原　紘　「絶対感覚」ゴルフ
田原　紘　右脳を使うゴルフ
田原　紘　目からウロコのパット術
田原　紘　田原紘のイメージ・ゴルフ
田原　紘　飛んで曲がらない「二軸打法」
田原　紘　ゴルフ下手が治る本
田原　紘　負けて覚えるゴルフ
田原　紘　実践50歳からのパワーゴルフ

田原　紘　ゴルフ曲がってあたりまえ
高橋和島　福島正則
高橋勝成　ゴルフ最短上達法
立川志の輔 選・監修/PHP研究所 編　古典落語100席
立川志の輔 監修/古木優・高田裕史 編　千字寄席
高橋安昭　会社の数字に強くなる本
高野　澄　上杉鷹山の指導力
高野　澄　井伊直政
田島みるく 文/絵　お子様ってやつは
田島みるく 文/絵　「出産」ってやつは
高嶌幸広　説明上手になる本
高嶌幸広　説得上手になる本
立石　優　忠臣蔵99の謎
立石　優　鈴木貫太郎
立石　優　范《はん》蠡《れい》
竹内靖雄　イソップ寓話の経済倫理学
柘植久慶　北朝鮮軍　ついに南侵す！
出口保夫 文/出口雄大 イラスト　英国紅茶への招待

出口保夫/林　望　イギリスはかしこい
寺林　峻　服部半蔵
帝国データバンク情報部 編　危ない会社の見分け方
童門冬二　「情」の管理・「知」の管理
童門冬二　上杉鷹山の経営学
童門冬二　戦国名将一日一言
童門冬二　上杉鷹山と細井平洲
童門冬二　名補佐役の条件
戸部新十郎　忍者の謎
外山滋比古　聡明な女は話がうまい
外山滋比古　文章を書くこころ
外山滋比古　新編　ことばの作法
土門周平　参謀の戦争
永崎一則　人はことばに励まされ、ことばで鍛えられる
永崎一則　接客上手になる本
中村幸昭　マグロは時速160キロで泳ぐ
中村幸昭　旬の食べ物驚きの薬効パワー！
中谷彰宏　大人の恋の達人

PHP文庫

- 中谷彰宏 運を味方にする達人
- 中谷彰宏 君がきれいになった理由
- 中谷彰宏 3年後の君のために
- 中谷彰宏 君が愛しくなる瞬間
- 中谷彰宏 結婚しても恋人でいよう
- 中谷彰宏 少年みたいな君が好き
- 中谷彰宏 次の恋はもう始まっている
- 中谷彰宏 ひと駅の間に成功に近づく
- 中谷彰宏 ひと駅の間に知的になる
- 中谷彰宏 ひと駅の間に一流になる
- 中谷彰宏 入社3年目までに勝負がつく77の法則
- 中谷彰宏 こんな上司と働きたい
- 中谷彰宏 一回のお客さんを信者にする
- 中谷彰宏 僕は君のここが好き
- 中谷彰宏 気がきく人になる心理テスト
- 中谷彰宏 本当の君に会いたい
- 中谷彰宏 一生この上司についていく
- 中谷彰宏 君のしぐさに恋をした

- 中谷彰宏 超管理職
- 中谷彰宏 君と僕だけに見えるものがある
- 中谷彰宏 自分に出会う旅に出よう
- 中谷彰宏 ニューヨークでひなたぼっこ
- 中谷彰宏 人生は成功するようにできている
- 中谷彰宏 知的な女性は、スタイルがいい。
- 中谷彰宏 昨日までの自分に別れを告げる
- 中谷彰宏 あなたに起こることはすべて正しい
- 中谷彰宏 君は毎日、生まれ変わっている。
- 中谷彰宏 週末に生まれ変わる50の方法
- 中谷彰宏 1日3回成功のチャンスに出会っている
- 中谷彰宏 忘れられない君のプレゼント
- 中谷彰宏 不器用な人ほど成功する
- 中谷彰宏 朝に生まれ変わる50の方法
- 中谷彰宏 忘れられない君のひと言
- 中谷彰宏 頑張りすぎないほうが成功する
- 中谷彰宏 成功する大人の頭の使い方
- 中谷彰宏 なぜ彼女にオーラを感じるのか

- 中村晃 直江兼続
- 中村晃 児玉源太郎
- 中村晃 天海
- 中村整史朗 本多正信
- 長崎快宏 アジア・ケチケチ一人旅
- 長崎快宏 アジア笑って一人旅
- 長崎快宏 アジアでくつろぐ
- 中津文彦 日本史を操る 興亡の方程式
- 中江克己 神々の足跡
- 中江克己 日本史怖くて不思議な出来事
- 中森じゅあん 「幸福の扉」を開きなさい
- 中山庸子 「夢ノート」のつくりかた
- 長瀬勝彦 うさぎにもわかる経済学
- 中西安 数字が苦手な人の経営分析
- 西尾幹二 歴史を裁く愚かさ
- 日本語表現研究会 気のきいた言葉の事典
- 日本語表現研究会 間違い言葉の事典
- 二宮隆雄 蓮如

PHP文庫

日本博学倶楽部　「県民性」なるほど雑学事典
日本博学倶楽部　「歴史」の意外な結末
日本博学倶楽部　「日本地理」なるほど雑学事典
日本博学倶楽部　「関東」と「関西」こんなに違う事典
日本博学倶楽部　雑学大学
日本博学倶楽部　世の中の「ウラ事情」はこうなっている
西野武彦　経済用語に強くなる本
西野武彦　「金融」に強くなる本
西野武彦　「株のしくみ」がよくわかる本
沼田　朗　ネコは何を思って顔を洗うのか
沼田陽一　イヌはなぜ人間になつくのか
野村正樹　朝・出勤前90分の奇跡
野村敏雄　小早川隆景
野口吉昭　コンサルティング・マインド
野口靖夫　超メモ術
浜尾　実　子供のほめ方・叱り方
浜尾　実　子供を伸ばす一言、ダメにする一言
畠山芳雄　人を育てる100の鉄則

半藤一利　日本海軍の興亡
半藤一利　ドキュメント太平洋戦争への道
半藤一利　完本・列伝　太平洋戦争
浜野卓也　黒田官兵衛
浜野卓也　吉川元春
花村　奨　前田利家
原田宗典　平凡なんてありえない
葉治英哉　松平容保
葉治英哉　張良
羽生道英　東郷平八郎
ハイパープレス　「地図」はこんなに面白い
林　望　リンボウ先生のへそまがりなる生活
秦　郁彦　ゼロ戦20番勝負
ひろさちや　仏教に学ぶ八十八の智恵
PHP研究所編　本田宗一郎「一日一話」
PHP研究所編　違いのわかる事典
平井信義　5歳までのゆっくり子育て
平井信義　思いやりある子の育て方

平井信義　子供を伸ばす親・ダメにする親
平井信義　親がすべきこと・してはいけないこと
平井信義　子どもの能力の見つけ方・伸ばし方
平井信義　子どもを叱る前に読む本
弘兼憲史　覚悟の法則
PHP総合研究所編　松下幸之助「一日一話」
火坂雅志　魔界都市・京都の謎
福島哲史　「書く力」が身につく本
福島哲史　朝のエネルギーを10倍にする本
福島哲史　朝型人間はクリエイティブ
北條恒一　「株式会社」のすべてがわかる本
北條恒一　「連結決算」がよくわかる本
星　亮一　山中鹿之介
星　亮一　山口多聞
星　亮一　ジョン万次郎
星　亮一　淵田美津雄
保阪正康　太平洋戦争の失敗・10のポイント
堀田　力・森村誠一　人生・成熟へのヒント